U0812615

我想用写作去劈开这个世界，劈开她的温柔绚烂，也劈开她的阴暗狡黠。

TRY
ANYTHING

今天以后，人生无数可能

不 设 限 的 生 活 主 张

曲玮玮——著

湖南文艺出版社
HUNAN LITERATURE AND ART PUBLISHING HOUSE
博集天卷
CS-BOOKY

自序

给人生做加法，超越一切不可能

最近被问得最多的问题是，你为什么要写作？为什么梦想当作家？

每个作家都会给写作赋予理由。写作是记忆的重建，写作能让人审视内心。苏童说作家是被命运选中的传道之人，萧红说没有比写作更愉悦的生活。

坦言讲，我早就忘了去思考写作的意义，因为它已经变得跟我的呼吸一样重要，成了生命中的不可或缺。写作这种动作，甚至跟外物刺激一样，能带来一种极致的快感。与其说我着迷于文字，不如说着迷于文字背后对人性深处的探寻，对世界剖面的观察。

我想用写作去劈开这个世界，劈开她的温柔绚烂，也劈开她的阴暗狡黠。

因为写作本身就像机器猫的口袋，包罗着万般可能。

几年前，我经历着高考前最暗淡的日子，每天强迫自己做一张又一张试卷，压力就像沸腾的水在头顶翻滚。做题做到想吐，最后面对着白墙都感觉像面对一张试卷，看见朋友脸上的痣，就像撞见尴尬的小数点。

而那时唯一的放松方式，就是写作。

打开空白的文档，我感觉到自己不再是挤在独木桥一端的几十万分之一，而是一个创造者，新奇想法在脑海里滋生、升腾、膨胀。

我能在文字里搭建新的世界，每写一个段落，就觉得人生延长了一部分。

我把所有的可能性都寄托在文字里，我以为自己会诚心正意，一生只做好这一件事。人生无非如此，或潦草或笃定地选择一件事，然后义无反顾地做下去。而对于那些陌生的领域，只能摆手避之。

像我第一次无意中闯进射箭馆，站在玻璃窗前远远地观望着，跃跃欲试，心里却对自己说，这项运动太难了，门槛太高，一定不适合我。最后被朋友逼着上手，尝试几次后竟也能轻松射中十环。

后来，除了写作，我发现人生之路还可以走得更宽。

受好奇心驱使，我体验了其他职业，做过射箭教练，做过婚礼策划师，去雷州半岛支过教，做过“南方系”的记者，做过编剧……我曾以为那是对初心的背弃，后来发现，人生就是一块地毯，我们可以用各种颜色去拼接。

再后来，我换了平台，开始在新媒体上写作。

起先我担心这种几乎每日更新的高频次产出会让文字枯朽得更快，但是看到那么多粉丝说，每天要等着我更新看完我的文章才能入睡，也有人看了我的文章挽回了离去的爱人，有人决心辞职追求自己想要的人生，我都特别欣慰。文字通过我的公众号，通过知乎等各种新媒体，像一艘船驶向了你们的世界，也给你们带来了一点点可能性。

我觉得自己的转换是对的。曾经我在杂志上写作，是背向读者而面向自己，抵达自己心中的尽善尽美。而时代给了文字新的可能，让我离你们更近。

或许你也可以尝试着挪动脚尖，换一种方式生活，去更远的地方看一看。

我始终认为，真正的成长，并非让生命在日复一日中消耗，而是透过每一种新的可能性，让全新的经历在你身上留下印记。

每到新年，我都很兴奋，我特别喜欢看朋友写的新年计划。我要成为这样的人，我要做这样的事情，我要去这些地方……一切宛如新生，一切都像最初的蓬勃。

有时候觉得人生就像气球，随时可能被荆棘刺破，但它在晃荡中飘着，最终却能跨过山川湖海，去往山巅，去往繁华闹市，去往缭绕炊烟，去往凶悍丛林。

有无数种可能。

我有个朋友，从小家教森严，之前的人生过得像行为守则一样规范，是公认的学霸，大学毕业后不出所料地做了审计师，每天穿西装，一本正经地摆弄数字。

我们都以为他就是如此了，永远都是我们喝着酒讲荤段子，他喝着汤力水不知就里地看着我们。但他突然辞职了。之前连游泳都不敢的他，去一座岛上做了潜水教练，晚上喝着啤酒跟游客聊天，仰着头看漫天繁星。

他实实在在地震惊到了我，人生没有什么不可能。

很多年轻的读者向我倾诉迷茫。事实上，所有人都在反复试错中认识自己。20多岁本来就是生脆鲜嫩的年纪，不是每个人一开始都要把自己拎到一条笔直的跑道上去，然后铆足劲狂奔，没有人生来就得知自己的使命。

你还可以去各种各样的路上尝试，在不同的跑道上流连，过刺激而丰富的生活。

年轻的时候，不妨给人生多做一些加法，奔赴那些山高水远。

借用我最喜欢的《山丘》的歌词结尾吧：说不定我一生涓滴意念，侥幸汇成河。

你所走的每一步，都是一种崭新的可能性。

目录

Contents

Chapter 1

你走过的最漫长的路，是套路

你眼中的故事，其实是别人充满波折的人生_002

真正的成长，就是不再急于成长_006

你追求的不是稳定，是随波逐流_010

你走过的最漫长的路，是套路_014

没错，我就是很拼_018

成为“厉害”的人，不应该是你的目标_023

真正热爱生活的人，从来不会无聊_026

经常说“谢谢”的人，运气不会太差_030

我很反感你说话的样子_034

活着多好，傻子才去死_037

听过很多道理，依然过不好这一生_041

Chapter 2

爱自己是终生浪漫的开始

没有人能挟持她们的美丽_046

爱自己是终生浪漫的开始_054

好恨自己不精致_058

人生要有大欢喜，也要有小确幸_063

和俗世最舒服的相处，不是对抗，是征服_067

真正的热爱，是一生只做一件事_070

放下，是对不切实际的梦想最好的殉葬_074

自信就是大大方方慢一点_078

当我跑步时，我在想什么_081

不是每一场旅行都有意义_086

愿你与自己温柔相待_089

来吧，我什么都不怕_092

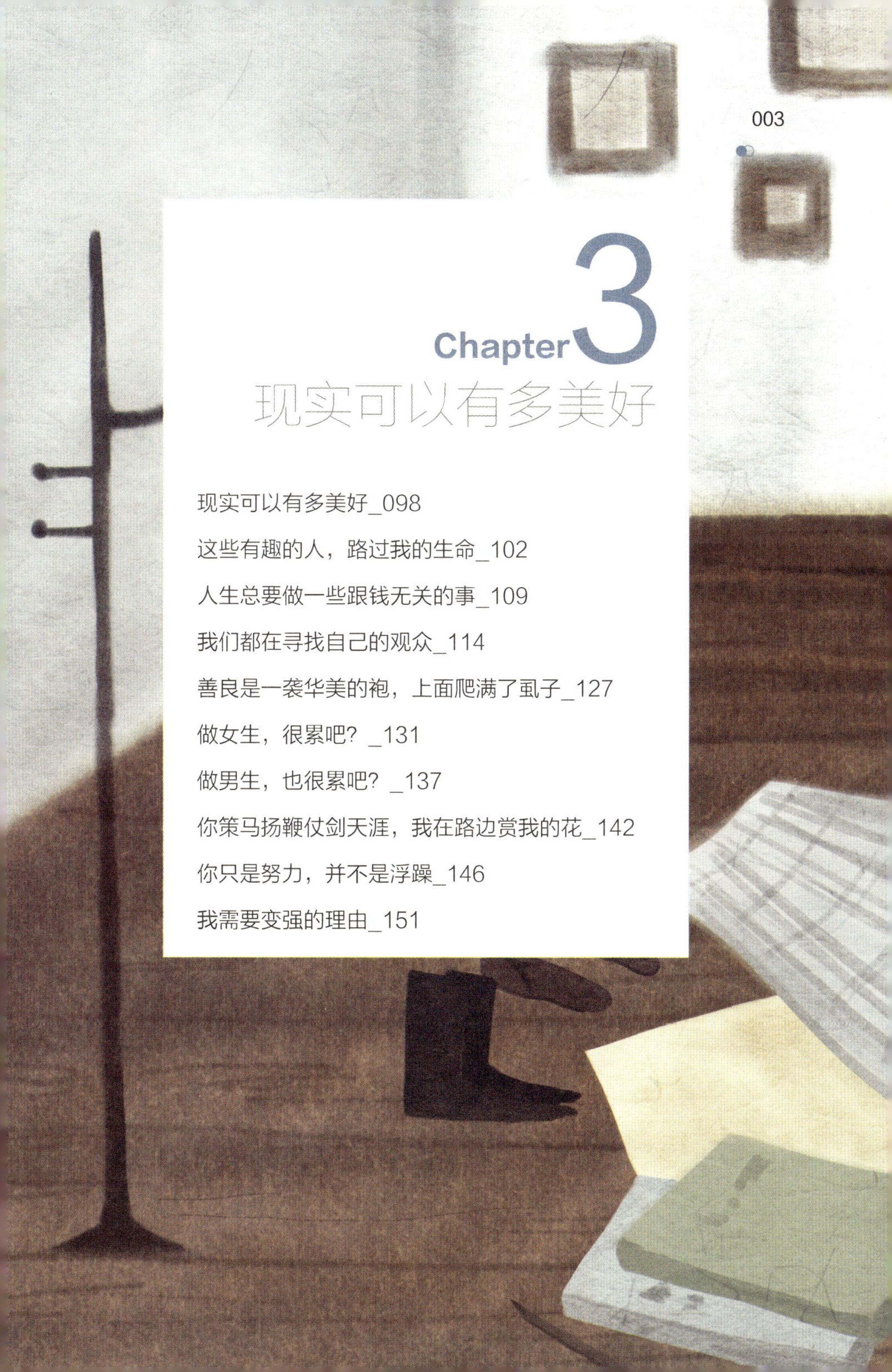

Chapter 3 现实可以有多美好

现实可以有多美好_098

这些有趣的人，路过我的生命_102

人生总要做一些跟钱无关的事_109

我们都在寻找自己的观众_114

善良是一袭华美的袍，上面爬满了虱子_127

做女生，很累吧？_131

做男生，也很累吧？_137

你策马扬鞭仗剑天涯，我在路边赏我的花_142

你只是努力，并不是浮躁_146

我需要变强的理由_151

Chapter 4

你要的爱，永远都在

对有些人而言，单身是会上瘾的_156

有一种喜欢，无关爱情_160

喜欢是情非得已，放下也是_170

最好的状态，是天各一方，两两相忘_176

不会聊天的人不许谈恋爱_179

多一点真诚，也多一点套路_183

喜欢你，但与你无关_187

你是否还会想念那个离开的人_195

你要的爱，永远都在_202

Chapter 5

故事的结局不会写在开头

他不喜欢你，你就放下他吧_210
故事的结局不会写在开头_220
如果你也曾奋不顾身爱上一个人_230
活在远方的人_239
最悲哀的人，是不懂拒绝的人_248
当我对父母设置了“分组不可见”_254
回不去的地方叫故乡_258
最美好的词，叫“一期一会”_269
在大学里，做个“自由而无用”的人_273
在台北找回失落的文学_278
一人食_286
这是一个流行离开的时代，但我们都不擅长告别_290

后记：写作是与孤独长相厮守_295

今 天 以 后 ， 人 生 无 数 可 能

不仅做人，万事万物都有套路。开车自有一套规则，学吉他要先练指法，写作也要先打基本功。

Chapter 1

你走过的最漫长的路，是套路

你眼中的故事，其实是别人充满波折的人生

“如何成为有故事的人？”

跟一些高中的读者聊天，常常被问到这个问题。

其实，如果你想要拼凑出能在朋友圈发九张照片、被众人点赞，在喝酒撸串时兴高采烈地和旁人分享的故事，那并不难。

搞张护照，搞点钱，倒腾出来一点时间，你可以去奥地利酒吧给一见钟情的姑娘唱情歌，去巴黎地铁追小偷见义勇为，去西藏和朝圣者一步三叩朝拜信仰，去拉美贫民窟和孩子们踢脏兮兮的皮球，去疾病肆虐的非洲做志愿者直击苦难。

从世界各地转一圈回来，这些就成了你酒入豪肠的故事。

当然，还有成本更低的“找故事”方式。待在钢筋水泥的城市里，今天凌晨四点钟起床上街，和清洁工人一起迎接第一缕阳光，明天和酒鬼走在四下无人的黑夜肆意放荡，后天和一群流离失所的乞丐拉家常。

但是少年，你搞错了因果关系。故事不是你拿着探测器一本正经寻找来的，而是你走在路上，不经意落在脸上的风霜。

不然，你就成了“为赋新词强说愁”的少年。为了沧桑而硬挤出一张深邃的脸，只会让你五官僵硬，两腮硬邦邦。

很多人也把游历当成故事。可是无论你环绕几大洋行过多少海里，在地球另一端逛过多少博物馆和历史遗迹，探访过多少故居，也只能说明你的双脚踏过那些土地，你的眼睛看过那些风景，而它们依然不为所动地伫立在那里，不为你的观摩有一丝改变。

那些不是和你的生命建立关联的故事。哪怕它们在咫尺之近，也隔你天涯之远。

我在知乎上认识了几个同龄的写手。我喜欢读她们的故事，就像在夏日的夜晚啜饮一瓶梅子酒。她们并非经历过大开大合的苦难，幼年故事也是每一个普通人的缩影，自卑和羞怯，暗恋和叛逆，跟每一个背着双肩包、怀着心事的小姑娘一样。

我却把她们当作“有故事的人”。因为她们辨别出生活的拐点，在不断长大、不断和岁月握手言和的过程中，看到了生命的质变，把那些小心思和成长的坑坑洼洼提炼萃取成了更深沉的东西，使它们成为生命的养料。

青春期时我也很羡慕“大人的生活”，他们拥有高级的享乐、高级的苦恼，而不是如我一般，为喜欢的男孩子朝我眨一下眼而快乐，为期中考试退步而忧伤，这些太微不足道了。直到后来，当我也为了谋生在零下几度的室外穿着裙子主持活动，当我面对妈妈出车祸的消息茫然失措，当每个故事披着事故的外衣出现在我面前，我突然很想回到十几岁的青春期。

少年，何必着急呢，没有人一生被养在恒温玻璃罐里，你总要经历人情世故，用光洁的皮肤接触粗粝的生活。你总会经历亲人的离去、朋友的疏远、前途未卜，那些你起初在小说中无法产生深刻共鸣的词——衰老、死亡、悲怆、绝望、无助，迟早有一天会静悄悄地走向你，住进你滚烫的眼泪里，藏在你晃动的背影里，在黄昏和你打上照面。

退一万步说，就算你是衣食无忧的富二代或者养在城堡里的小公主，你一生总会经历爱情。爱情就是让每个人平白无故经历大起大落的东西。你会在思念中经历漫长的折磨，或被突如其来的失恋困扰得万念俱灰。

没有人会度过静态的一生，心灵注定要受颠簸，这就是生而为人的代价。少年，当一切到来时，我只希望你守住本心，别轻易被绊倒，别轻易在寒冬中被冻伤。希望你经历变故之后，依然在冬天捧着漂亮的雪花笑着说一声“还好”。

别轻信什么“我有故事，你有酒吗”。少年，到你真有故事那天，杯酒下肚，而你喉咙松动，喑哑半晌，望着头顶凄迷的月光，只想沉默。

真正有故事的人，不会轻易把故事与人诉说。

真正的成长，就是不再急于成长

知乎上有一类问题很受欢迎：

“你的每日私人成长暗器是什么？”

“成长过程中，哪些道理让你相见恨晚？”

“哪些习惯能让生活变得更好？”

大家忙着收藏，忙着把一眼扫过去瞬间读完的道理抄在小本儿上，忙着大彻大悟，忙着醍醐灌顶，忙着给未来的自己塑造一个理想化的勤学上进双商爆表的形象。

希望从前人的一句话里找到修缮自己破洞的补丁，希望每看一篇文章都有可量化的收获，希望每天都能骄傲地在总结日记上写下你收获了一二三四条。

这真是个人人用力过猛的时代。

那些简洁的人生道理总是高赞。

因为不需要任何门槛就可以把那几行金玉良言背下来，然后产生自己拿了武林秘籍从此行走江湖畅通无阻的幻象。

可是，你以为那些道理，前人栽跟头之前就没听说过吗？

那些道理是治病的药丸，不是预防针。只有摔了跟头之后和着苦水服下去，才能缓解跌打损伤，从此道理溶进血液，终生傍身。

在你经历这些之前，它们只是粘在衣服上供你摘取的小处方纸片。

真正的成长，就是不再把“每天进步一点点”挂在嘴边。不会刻意告诉自己今天背了几个单词，不会对今年读了多少本书沾沾自喜，不会只对可以量化的努力成果情有独钟，不会执着于付出必有所得——少吃一顿肉必然体重掉两斤，多做两道题考试加五分。

真正的成长，不是咬牙给自己设定 KPI。生活又不是大妈坐在小板凳上织毛衣，一切所见即所得。

很多写手和我一样做自媒体，我们聊过这个话题。从前的创作是“背向”读者，所谓的“成长”更多来源于自我省察。开了公众号之后，一切数据都转向阅读量与粉丝数。有了可量化的数据之后，旁人哪里顾得上你内在的进步呢，只会忙不迭问你：“最近粉丝涨了多少？”

或许世俗对“成长”与“成功”都有一套冷冰冰的评判体系，

你忍耐着一把把标尺在你身上测量之余，也要心存底气，在心中有另一把无形的标尺。

时间本身是没有标度的，是人们为了便于区分与回顾，把连贯的时间分割成块。

以前每到年底，我都执着于写一年总结，这一年看了多少书和电影、输出了多少万字，把量的积累看作一种成长。也渴望从每段经历里萃取几滴人生精华敷在脸上，希望每次摸爬滚打都能换来可视化的成长。

今年我依然会写总结，但心态会变。

成长就是知道，生活不仅不是大妈织毛衣，甚至连“蜗牛爬金字塔”都不是。没有任何人向你拍胸脯保证，你所做的一切努力都指向前方。

有人使用错误的方法健身，辛苦流汗，却把自己严重拉伤；一些连续创业者总是急于标榜自己在失败中得到多少宝贵的经验，却不会承认，他们消耗了多少资源和好年华。

你只是走在陌生丛林里的旅人，天高地暗，薄雾微茫。你可能离星辰大海越来越近，可能跋涉一天又绕回原点，甚至努力一番却向后退。

罗曼·罗兰说：“看清这个世界，然后爱它。”真正的成长，大概是你看透一切之后，放下“你要去相信，没有到不了的明天”这种鸡汤执念，放下自欺欺人，依然往前奔跑，无畏无惧。

初中时看《老友记》，陪六个人度过十年。看着他们每天坐在同一张沙发上一本正经地瞎扯淡，端着咕嘟冒泡的咖啡杯消磨时间，乐此不疲地制造笑料，心里都替他们着急，这些人什么时候能成长啊？那些闲扯淡和玩填字游戏的时间，用来报个英语班学个编程该多好。

今年又重温了一遍。那个第一季穿着婚纱一惊一乍、被宠坏了的姑娘 Rachel，成了某时尚公司主管；吊儿郎当玩世不恭的 Chandler，重新找到了自己所爱的职业，也成了充满责任感的丈夫。

电视剧里从来没有一场从天而降的惊人变故，让人瞬间经受锤炼，一夜之间沧桑得判若两人。剧里的人也没有合上书本一拍大腿，顿悟真理，从此铠甲傍身。

年复一年，我陪他们傻笑，替他们尴尬之余，发现他们慢慢成长为另一种样子。Joey 依然行为低幼，Monica 依然有强迫症，Phoebe 依然鬼马。十年过去，这些点缀人性的漂亮羽毛依然在他们头顶随风飘着，但他们的人生有了更深厚的根基，再也不是二十出头受了点惊吓就一惊一乍的小孩子。

我很喜欢一句话，叫“但行好事，莫问前程”。它并非要你放下功名尘土无欲无求，只是让你不要带着结果论去做事，很多事都不像把一串葡萄放进榨汁机，马上就能得到满满一杯果汁。

“我们坚持一件事情，并不是因为这样做了会有效果，而是坚信，这样做是对的。”哈维尔说。

这就是真正的成长。

你追求的不是稳定，是随波逐流

最近和两个朋友聊天，颇为感慨。

他们今年大四，都面临着离开学校踏入社会的境遇，听惯了“真实社会比象牙塔凶残百倍”的传言，在人生的岔路口，小心翼翼地规划自己下一步的人生。

别说他们，就连大三的我，看似洒脱无束自信心爆棚，想到“出路”二字，也感觉像被一双大手拎到纤细的钢丝绳上，直冒冷汗，埋怨起这个浮躁的世界太不包容。

一个朋友叫小健，在小城市念完大学，父亲托人把他塞进了家乡小镇的国企办公室，就是传说中“钱不多事少离家近”的稳定工作。

他说：“就是处理些办公室的杂事，几乎没什么活儿，有时看看新闻一天就过去了。”

我问他：“你想好了吗？”

“有什么可想的呢？有一份让人无忧的好工作，朋友们都羡慕我。”他撑着脑袋。

“那你自己喜欢吗？”我还是忍不住发问。

“无所谓啊，反正家人很满意。”他说大部分同学也都考了公务员或进了国企，做整齐队伍里的一员总是没错的。

当然，他不会被亲戚朋友议论为剑走偏锋的异类，在家乡有一份稳定工作也会备受姑娘追捧，父母不会为他的动荡操心，他当然是家乡舆论中的“绝对正确”。

我当然是为他开心的，只是和他话别后，难掩心中压抑，像冒失跌进了枯井。

过几天又遇到了朋友小辉，他选择从北京回到老家，也成了公务员，包括我在内的所有人都瞠目结舌。他拥有令人艳羡的设计才华，留着很酷的莫西干发型，也是乐队贝斯手，像一只疯狂旋转的陀螺，一言以蔽之，酷。

我们以为他一定会留在一线城市做独立设计师，只为自己打工。特别是在“大组织崩析，每个人都是独立个体”的未来，自由职业将成为都市时尚，人们拒绝依附，独立创造价值。谁都没想到小辉会逆潮而行，回到老家的体制内。

“我骨子里是恋家的人，每天晚上能吃到我妈煮的白米饭比什么都重要，回老家很踏实，就像冬天把秋裤塞进厚厚的袜子的感觉。”小辉说。

一线城市太多年轻人嚷着，再也无法回到小城琐碎的人情世故和庸俗的价值观中去。小辉顶着大家的劝阻逆流而上，追求他的舒适安稳。

我却丝毫不为他遗憾，发自内心地为他的选择鼓掌。

两个朋友都选择了家乡小城的“稳定”生活，我没有资格站在高处评价任何一种选择的优劣，但在我心里，他们两个人是不同的。

小健选择的并不是“稳定”，他甚至没有做选择，没有跟自己对话，只是随波逐流，木讷地跟随着汹涌人群，成为他环境里的大多数。在整齐划一的队伍中寻找安全感，却忽略了人生最重要的命题——他深切爱着的事物到底是什么。

小辉似乎选择了跟小健一样的归宿，拥抱家乡小镇的柴米油盐，却是跟他所在的大环境背道而驰的，他身边几乎没有人追求稳定。他忤逆了人群，却遵从了自己的内心。哪怕在周围朋友看来，“稳定”是被时代鄙弃的名词，是滋生倦怠感的温床，但他喜欢，所以无惧他人目光。

至于我自己，太散漫也太怕被规则束缚，除非自己创业，未来一定不会选择一份坐班的工作。但如此选择，并不是我憎恶所谓的“稳定”，只是我的性情让我注定会在毫无变化的工作中抓狂，我必须遵从自己的内心。

而价值观是多元化的，追求稳定的人一样应当被尊敬，就像当年明月所说，每个人都要“以自己喜欢的方式过一生”。哪怕时代在呼唤年轻人挣脱枷锁来创业，哪怕励志作家们鼓励每个人挣脱平寂如水的生活，但只要你喜欢朝九晚五的踏实，就请无视时代的喧嚣，淡定地做自己就好。

但是，在选择“稳定”之前，一定要问清楚自己，你是真的喜欢过踏实无忧波澜不惊的生活，还是你忘记了独立思考，忘记了叩问内心，所以愿意听从长辈的耳提面命，选择跟随周围人的脚步，去追求千篇一律的生活。

你根本不知道自己想要什么，只能用最简单的“稳定”来敷衍自己的人生，走大多数人走过的路，那是我不想看到的。

亲爱的你，当你选择稳定，希望你是发自内心爱这种选择，而非随波逐流得过且过。

你走过的最漫长的路，是套路

昨天有个好朋友向我吐了个很有意思的槽。

朋友是做互联网营销的，最近招了个实习生，刷新了他对“95后”的认知。

这个实习生没什么经验，朋友给他一套专业教程让他入门，两天后问他学习进展，他伸个懒腰，一本正经地说：“我一眼都没看，怕思维被教程僵化了。我们‘95后’思维跳跃，不拘一格，不能被套路抹杀才华。”

朋友一听，嘿，看来是个天才啊！于是直接给他一个微博推广的案子，结果写得支离破碎，根本不及格。

朋友批评他几句，他一怒之下拍桌子辞职了，说“庸人才去学基础套路，我天生的创意你看不懂”，留下朋友在风中凌乱。

这个实习生是太多年轻人的缩影，以为自己才华横溢，有横扫千军之势，大笔一挥写出来的方案就能震古烁今。蔑视理论，蔑视规则，根本没办法坐下来学点专业知识，认为学习基本方法就是学套路，就是对才华的泯灭。

学套路有那么不堪吗？

有人问过我写作目标，我说想写一部能拍成好莱坞式电影的小说，有故事情节有价值观有情怀。

对方说：“啊，好莱坞电影都是套路啊，你格局能不能博大些？”

但是，中国迄今还没几部电影能达到好莱坞的水准，编剧连基本的套路都把握不好，故事都讲不圆，“起承转合”都搞不定，却一心想着冲出亚洲，走向世界。

这个世界上，究竟做什么没有套路呢？

我一个做设计的朋友，十七岁独自去国外参加世界顶级设计学院的面试，最后在帕森斯设计学院循规蹈矩，接受系统而完备的教育，从艺术史读起，一点点琢磨前人的套路，接受极致的专业训练，最终才有了自己推陈出新的设计。

别具一格的毕加索，他的《哭泣的女人》和《格尔尼卡》这类抽象派作品颠倒众生，很多人觉得他是自成一派的野路子，所以人人皆可抽象派，人人都是艺术家。可你们看过毕加索十五岁前的作品吗？那时的他已经把标准西方油画画得像模像样。他对艺术的颠覆，都建立在套路的基础上。

“哪些礼仪是必备的？”“如何才能做个通情达理的人？”“如何学会说话？”“如何与人相处？”“如何做个优秀的女朋友/男朋友？”……在知乎上会看到很多对这类问题的解答。

总有人对这些世俗的方法论表示不屑，耸耸肩膀说，不想做一个活在套路中的人。

我想说，这不是要求你亦步亦趋，遵循教条来做人，那样的人生太无趣了。不是要你成为熟稔人情世故的老油条，只是前人的经验或许能提供一点参考，让你省去一些弯路罢了。姑娘觉得男朋友不会聊天略有些无趣，男生自然应该去学些沟通技巧嘛。

跳脱来看，我们日积月累的经验，也是一种自己的“套路”呀。比如有些人一定要等对方先挂电话，有些人做事严格按照番茄工作法。

不仅做人，万事万物都有套路。开车自有一套规则，学吉他要先练指法，写作也要先打基本功。很多人都梦想成为酷炫的作家，但只有少部分人，咬牙从基本的套路学起，学故事结构、人物对话、视角转换……最终驾驭了套路，又颠覆了套路，真正在行业立足。

而像钱锺书说，年轻的时候，我们总是会将自己的创作冲动误解为创作才能。大部分人还以为自己才华逆天，以为自己随手写了一百字的故事就是旷世传奇，不肯把姿态放低。

到最后你会发现，人生就是如此，你走过的最漫长的路，就应该是套路。

没错，
我就是很拼

/1/

我认识一个朋友，也是写东西的。

当时在北京饭局，酒酣兴至大家忙着扯皮吹牛，她却突然从对面跑过来，羞涩地说想跟我讨论写作的事。她掏出手机把自己的文章拿给我看，小心翼翼地请我提意见。盛情难却，在沸反盈天的酒场，我认真地看了文章，给她指出了一些语言和逻辑上的纰漏。

她掏出小本儿，埋头认真记录，亮晶晶的眼睛眨个不停，连声跟我道谢，又一个劲儿问我最近在读什么书，她也要买来学习一下。

我当时没多想，只觉得这姑娘憨厚的劲头蛮可爱。

后来她也开始做原创公众号，加了不少和我重叠的写手群。每写完一篇文章，她都在每个群里发一遍，诚恳地请其他写手提意见，或者拉下面子请求大家帮忙转发，特别拼。

算是天道酬勤吧，她真的越写越好，黑暗中泅渡许久终见黎明，从名不见经传到有了自己的读者群。从起先满篇矫情病句的小姑娘，变成了马上要出版文集的准作家。

而有次闲聊，她满脸委屈地说，不少同行背地里讥讽她，嘲弄她吃相难看，拼的姿势太滑稽，就像饥不择食的乞丐，见谁都扑，全然不顾风度，哪个群里都是她的文章，影响心情，写得不好还那么高调。真正优秀的作家，都是靠天赋，而非拼出来的。

她想不通，自己堂堂正正地努力写作发文章，不欺昧，不投机，到底有什么不对。

有太多看客习惯奚落嘲讽那些表现得极其努力的人。

/2/

上课教授提问，班上有同学踊跃举手回答问题，还有同学下课后会在走廊追着老教授探讨学术，总有人在一旁歪着脑袋，不屑一顾地说：“你看他多显摆。”

有人在工作中比较拼，下班后还缠着主管聊业务，总有同伴龇牙咧嘴地讲风凉话：“你看她，那么刻意。”

大概受千年孔孟老庄之道影响，我们讲求的是中庸，是无为而治，是所谓“大音希声，大象无形”，似乎过于努力欲望过于强烈是一件丢脸而非荣耀的事。

因而考试前学霸们并非谈论自己多努力，而是长吁短叹：“唉，这次又没复习，又在家通宵打游戏。”同事问你下班后干吗，即使你要去学西班牙语去练PPT，你也只会轻描淡写地说去泡吧打球。

那些背地里悬梁刺股的画面我们只求珍藏感动自己，那些毫不费力的瞬间，才展现给别人。我们希望听到的夸奖是才华横溢，而非手不释卷，似乎“勤奋”这个词一点都不酷。

写文章的人都希望自己的才华如初唐四杰之王勃，文章一泻千里浑然天成，滕王阁赴宴，不假思索当即写下“落霞与孤鹜齐飞，秋水共长天一色”这样的千古名句。艺术家最好如张旭，醉酒之时大笔一挥，酣畅淋漓写就癫狂的草书。

千古流传为人称道的都是那些“漫不经心”，什么李宗盛在餐厅突然在餐巾纸上写下“漂洋过海来看你”，倘若说哪首歌是憋了一个月努力写出来的，总是差了点儿意思。

但问题是，我们都不是这样的天才啊。我也想跟朋友吹牛说，我的文章就是花半小时随意写的，妙手偶得，结果流传甚广。但事实是，有时闷头苦想好几天都憋不出灵感来。

前几天和朋友半仙幺幺在钓鱼台参加一个活动，讲话间隙我拿出笔记本电脑排版，她把我的背影拍了下来发朋友圈，几个朋友惊愕地说没想到我这么拼。我也想甩甩头说“没有呢其实我又懒又随性，你们看到的只是表象”，但我没有。没错，我就是很拼。

承认自己很努力很拼真的丢脸吗？既然征途是星辰大海，就注定不能闲庭信步吧。

/ 3 /

有个同学最近在创业公司实习。同伴们五六点钟就下班，忙着吃喝玩乐，而他每天陪着创始人待到将近十二点。其他实习生因此孤立他，觉得他欲望太强，别有用心。他只是想跟老板多学一些东西，有什么错呢？

他说，太努力的人除了要有恒心，还要忍受与人群背道而驰的寂寞。目标性太强太努力的人总是不合群，大家觉得他太“要”，欲望太强烈，这样的人在团队中当然不讨喜。

但他改不了，他熬夜，希望把事情做得尽善尽美，希望每天都有满满的收获，纵使这样换来的是同伴满满的不爽。

还认识一个朋友，辞掉正经工作出去创业，每天只睡四个小时，坚持半年后依然没融到钱，团队无奈解散。他又回去上班，坦然向同事承认：“每天拼得累成狗，最后还是失败了。”同事打趣他：“是啊，徒劳一场，还不如我们，下班后醉生梦死。”

我特别佩服这个朋友，他能坦然面对努力之后的失败。而太多人害怕承担努力后的失望，索性好逸恶劳不去拼尽全力。比起“勤奋的失败者”，“消极懒惰的无为者”看上去更潇洒，毕竟“我没做好不是我能力不够，只是吊儿郎当而已嘛”。

但承认自己太拼真的不丢脸，没有泥泞里的踉跄，哪有御风的潇洒。

人生就应该用尽全力拼一次。

成为“厉害”的人，不应该是你的目标

相信我，世上 99% 的人，要么没有目标，要么不会设置目标。

以大学生为例吧，很多人都有这种感触，每天看似很忙，睁开眼睛有无数事情等着完成，然而每隔一段时间回顾，却不知道自己到底忙了些什么。

总有前辈苦口婆心地教育大学生，一定要学会这些东西：英语、PPT、EXCEL、演讲、写作、运动……学好了“器”和“术”，还有更深刻的“道”。要广泛阅读做好通识教育，要有批判性思维，要有宏大格局，要社交培养人际关系，要谈恋爱，要培养志趣爱好，要旅行……

真应了庄子那句话，“吾生也有涯，而知也无涯”。

大学生都很焦虑，在中学时期，他们习惯自己是“优秀”的，而到了大学，从前单一的评价体系崩坏了，他们无所适从，继而希望变成全方位的优秀者。所以他们特别贪婪，什么都想要。

我问过一个同学：“你大学四年的目标是什么呢？”

他果断地说：“要成为真正厉害的人。”

“那什么是真正厉害的人啊？要怎么做？”

“就是……综合素质很棒，有能力，有格局，有情怀……怎么做的话，不断学习呗。”

一些热血上进的大学生总觉得时间不够，希望自己活成海绵或者吸尘器，走到哪儿吸到哪儿，看似充实，却是四处撒网，难以取得长足进步。这半小时学英语，那一小时参加社团活动，看似在变得“更厉害”的路上狂奔，其实是在原地打转。

进入职场的人也是一样，很多人只会叫嚷着说，要赚更多的钱过更优渥的生活，却根本没有考虑合理路径。

他们根本就不会设置目标。

要成为更好更优秀的人，要变得很厉害，要更有魅力，这些根本就不是目标，而是口号和美梦。

真正的目标是怎样的？是清晰明确的，有时间限制，可操作执行，并且可以检验。

“变得更厉害”该怎么执行？怎么检验？从何下手？

举个例子，一个内向的大学生发现自己最大的短板是口才，怀着“想要变得更厉害”的心态，他给自己设立目标，“要在三个月之内做到流利地演讲”。他把目标分解，明确做到流利演讲需要具备哪些要素，从发声、体态、演讲素材、幽默感到逻辑思维……然后指定目标路径，先看书学习理论框架和技巧，然后找老师进行一对一的指导，自己反复练习，最后在公众场合练习。在零散时间，反复积累讲话素材。在这个过程中，不断反思，不断修正。发现有一个弱点是语速太快，那就反复练语速。任何一个小缺点都可以通过重复练习得到修正。

一个马上要面试找工作的人，目标不应该是“我要让自己变得更好”，应该再明确一些：“要在一个月之内拿到 offer。”于是要在一周内掌握面试技巧，在一周内制作面试作品，在一周内完善简历。这样就清晰多了。

用开放的心态对待万事万物当然好，好奇心与求知欲应该被无限激活。但是，别再问“如何成为很厉害的人”这种大而无当的问题。

重新认识自己，把抽象的“厉害”解构成可落实的目标，才是你“厉害”的第一步。

真正热爱生活的人，从来不会无聊

有人问我："生活无聊，该怎么打发时间？"

这个问题太难回答，我问过身边一些朋友，他们和我一样，纷纷一脸茫然地表示："无聊是什么？很久没体验过了。"

如果一个人真的热爱生活，那他怎么会无聊呢？

要孜孜不倦地投入到事业中去，要在八小时工作之外提升职业素养，向更高的门槛迈近。

也是要陪伴家人朋友的吧，跟爱的人在一起，纵使含情脉脉四目相对，用沉默代替言语，时光也是温柔流淌的。

也是有爱好的，业余时间和兄弟们踢球，抑或一个人玩摄影，随便捡拾起一种爱好，生活就有了光。

那些发着光的朋友，从来都不会抱怨生活无聊。

一个朋友喜欢读书，尤其喜欢看推理小说。他自己组了同城兴趣小组，很多书迷一起交流甚至排剧，后来不满足于沉浸于他人剧情，开始自己写小说，认识了圈子里更多的创作者，把小爱好一步步变成大志趣。哪怕你的爱好只有一项，也可以带着它行万里路，探索它的艰深无涯。

另一个朋友爱好无数，喜欢陶艺，喜欢烘焙，喜欢潜水，喜欢周游四方，喜欢手工，最近开始学大提琴。她每年都要培养一项新技能，也时常懊丧，世界如此宽广，付诸一生都探索不到边际，以有涯随无涯，殆矣。她的口头禅是“忙死了”。这样永不停歇的人，当然也不会无聊。

我有个读者是高速路上的发卡人员，这份工作太枯燥乏味，被局限在小屋里，一天天重复完全能被机器取代的机械性动作。而这样无趣的工作都能被他玩得花样百出。他通过发卡来与行人对视，详细观察他们的样貌，通过样貌想象这些过客的生活，到晚上把它们编成故事。他成了隐藏在高速路口的小说家。

有颗热爱生活的心，到哪儿都不会无聊吧。就像埃克苏佩里，开着飞机盘旋在空旷无人的沙漠里，脑袋里却在构思《小王子》这样诗意有趣的故事。

我看过一个帖子，里面写了不少打发时间的奇葩方法。比如下载网游，一个个试玩，从天亮玩到天黑；比如玩微信摇一摇，玩漂流瓶，跟陌生人聊天；比如拿出两个手机开两个微信，自己和自己发表情斗图。有人可以玩一夜扫雷或者 2048；有人数自己房间的吊顶有 5 个格子，落地扇的防护罩上有 112 根铁丝，墙纸上一共有 568 朵牡丹……

但是，时间是你的朋友，而非敌人啊。

每天要读书，要写文章，要和朋友交往，要健身，要学习新事物，要赏云观花，要在知音面前抚琴，要隔江山寺闻钟，要偷得世间一切美好。这一切，都要依靠时间来帮我完成。为什么要打发它呢，这多残忍。

我曾写过一篇文章，叫“怎样才算虚度人生”。

你赖在家里一整天，刷美剧看段子逛淘宝，憋到不得已才下床去洗手间，恨不得让外卖小哥直接从窗外投食。假如这是你用很多个加班的夜晚换来的放纵，你惬意地舒展每个毛孔，想让这种闲淡的时间停留得久一点，那么这样的时间就是珍贵的。

同样你在家刷美剧看段子逛淘宝一整天，但这只是你自我消磨排遣无聊的方式，你不停看表，希望时间快点过去，黑夜早点降临，那这样的时间，就是被浪费的。

做同一件事，和时间的关系却不尽相同。

你想赶紧把这段时间打发走，所做的一切只为让它消失，为了让下一段时间来临，这就算虚度。相反，你珍视这个片刻，不舍得它离开，不忍它溜得太快，哪怕用来发呆，也是好时光。

打发的时间越来越多，泡沫充盈了整个身体，慢慢，就虚度了一生。

每个人的生活方式不同，有人喜欢放歌纵酒，有人二十四小时求知若渴不断自我提升，有人闲闲散散赏月观景，也是美好生活。而无论消遣还是学习工作，他们都不是无聊的，就算品一壶茶、看爱人的脸颊，也是全心投入其中的。

《冰与火之歌》里那句台词说得很妙："无聊说明人的内在乏善可陈。"

人生当然不是像叔本华所说，在痛苦和无聊之间来回摇摆。人生有高山，有峡谷，有丘壑，有流水，有那么多奇伟瑰怪非常之观，有无数个有趣的人等你去认识，有亲人朋友等你陪伴，有新奇事物等你探索，怎么会无聊呢？

千万不要再喊自己无聊，真正热爱生活的人，从来不会无聊。

经常说“谢谢”的人，运气不会太差

自从我把邮箱地址公开后，收到了不少来信。

昨天登录邮箱，一位读者宝宝跟我描述了一件小事，让我印象深刻。

他说，晚上和室友去便利店，付款后对女收银员热情地说了句“谢谢”，结果被室友调侃为“装”和“做作”。这让他特别不解，明明这只是最基本的礼貌。

他问我：“随口说‘谢谢’真的有错吗？”

当然没错。

生活中我也是那种特别喜欢说“谢谢”的人，对服务员、收银员、快递小哥、外卖小哥都会道谢，也有朋友不解：“收银员收款快递员送货，那不都是本职工作吗，天经地义，为什么要谢？”

坦白讲，我想不出一个精妙的理由回应他，但我知道，每次表达善意后，自己心情舒畅，别人也如沐春风，那为什么不做呢？

玛丽·蒙塔吉说：“礼貌无须花钱，却为你赢得了一切。”

记得很久以前，在网上看过一篇服务员的自述。她每天要工作十三个小时，一刻不得空闲，不能坐下，不能靠墙歇息，吃饭时间仅有十分钟。这时候客人能诚恳地说一声“谢谢”，是太大的鼓励。

知乎上有相似的问题，而有人回答说：“别对服务员这么客气，会显得你没见过世面。”

真的无法苟同，明明越是狭隘没见过世面的人，越会吝啬自己的礼貌和善意。

其实，温柔对待世界，也会被世界温柔相待。我每次都对教学楼的物业阿姨特别礼貌，有时去自习，她甚至会掏出钥匙，给我单独开一间自习室学习。有次我丢掉一副耳机，想不到物业阿姨第二天就拿给了我，说放在口袋里，一直帮我保管。

有个朋友的经历更夸张，他因为多次对酒店前台姑娘态度太好，直接给免费升到套房。

当然，表达善意的初衷并不是为了蝇头小利，对方善意的回馈，是惊喜。

礼貌的本质，是相信人与人之间平等。并非花钱买了服务就是大爷，就该颐指气使，并非地位显赫就能目空一切。

有次去南京出差，下着滂沱大雨。我报给司机一个地址，然后在车上眯眼补觉。当时工作压力太大，每天只睡几个小时，白天活在暴躁和抑郁的临界点上。

十几分钟之后，睁开眼睛发现司机走反了，我无比焦躁，大声抱怨了一句："你开车这么多年了，路都找不到吗？真是服了！"

司机回击："我觉得是你当时没把路说清楚啊！"

在生活里我几乎从没跟人起过争执，听他这么回击，我反而愣住了，卡顿了几秒才回到平时状态，连连给他道歉，说可能是我不好。

司机见我态度好，也开始承认自己的错误，而后两人一路听着电台扯淡闲聊。

礼貌是能降低沟通成本的，倘若那天我们俩都继续暴躁，气氛一定尴尬不堪。

生活中太多无关紧要的争执都因态度而起，简直让人啼笑皆非。

在新闻里看到好多奇葩的争执。两人排队时因为一句话不和就恶语相向；过马路时有人被自行车轻轻碰一下就不依不饶，拉扯大半天；甚至很多时候，街上不小心瞟人一眼，一句"你瞅啥"都能引发一桩血案。

我在北京地铁里见过两个人因为踩脚起争执，一顿拳打脚踢，明明一句“对不起”就能解决问题。

也会遇到一些人在网上向我求助，很多人的语气令我瞠目结舌。连基本的礼貌用语都没有，直接来一句“告诉我一下你的写作经验”“帮我改一下论文”，你跟家人说话也不至于这么单刀直入吧?

我给一个陌生的姑娘改过文章，因为她客气得让人不忍心拒绝。她先介绍了自己，又表示读过不少我的文章，最后在结尾诚恳地说了很多“谢谢”和“贸然打扰”。

善意的本质，不是功利，而是对世界发自内心的感激。

如果世界乃一方江湖，我想，凶恶的人身边一定多血雨腥风，而面露善意之人，所到之处一定春风化雨。

经常说“谢谢”的人，运气不会太差。

我很反感你说话的样子

知乎上有个关注度颇高的问题："什么样的男生你觉得 low 到爆？"

我最不喜欢的男生，是言谈时不懂收敛的。

有人太爱逞口舌之快，说话带刺，揭人之短。对方无非讲错一句话，他揪着小辫子花式甩半天，以此为乐；或者单刀直入地评价他人的衣着与妆容，用词令人尴尬，末了再云淡风轻地打补丁："我这人说话就是直，你不要生气。"

有人在宾客刚坐定的饭桌上一个人滔滔不绝，曾在非洲做志愿者如何神勇，在新西兰打工旅行如何充实。大家听罢，客气恭维一番，他愈加收敛不住，嗓门愈来愈大，甚至频频打断他人，把话题引向自己。席间有人自嘲还没走出过亚洲，他面露鄙夷，嘲讽说“那你活得太狭隘”，而后一转话锋，又讲“我在非洲”如何如何。

有人把身边的人当作吹嘘的筹码，挂在嘴边的一句话是，“我的朋友怎样怎样”。“我有个朋友的公司要上新三板了”“我有个朋友融资已经到 C 轮了”“我有个网红朋友一年圈粉百万”……讲罢笑得意蕴深长。或许在他心里，朋友牛 ×，意味着他也格局博大不容小觑。

有人把前辈约出来，本意是求索知识。他提问，别人诚心正意向他解释，而他的第一反应不是真诚道谢，而是反过来说“你说的这个我知道”；对方讲第二点，他又步步紧逼，回应“这个我也知道”，令前辈尴尬不已。唯恐沉默会让人看扁，却忽略了既然虚心求教就要将姿态放低。

有人不顾场合大讲黄段子，沉浸其中扬扬得意，无视周围女生已经涨红了脸。包袱甩完，笑声没有预想中热烈，他不依不饶，询问人家：“为什么不笑？”

有人聊天时太争强好胜在意输赢，一点鸡毛蒜皮也要争出个所以然来。突然看到路上一辆跑车，一人说一百五十万足矣，他说至少两百万。本来无非一句闲扯淡，他却当即掏手机，一定查出正确答案。果然跑车两百万，他把手机朝对方眼前一晃，龇牙说：“承认吧，还是我说得对。”

窃以为对一个男人的最高评价，是虚怀若谷，而非锋芒毕露。

言谈中不懂收敛跟不拘小节是全然不同的两回事。不拘小节者懂得自嘲，或能根据场合适度开玩笑嘲讽他人，但懂得界限所在，令听者莞尔。不懂收敛的本质是缺乏气度涵养，谓之 low。

活着多好，傻子才去死

有人问，冒出生无可恋的念头该怎么办。

其实这个词几乎在每个人的脑海中存在过。

站在金字塔顶端一夜爆红或大量攫取财富的人，会有一个贪溺的瞬间，视眼前一切为虚幻的泡沫；朝九晚五按部就班生活的人，在某个时刻握着地铁扶手发呆，巨大的恍惚感袭来，不知每天重复循规蹈矩的一切为了什么；逃离舒适圈夜以继日工作熬红了眼去创业的人，在想不出新项目的方向又深陷财务危机的时刻，握着发烫的咖啡杯，也会有“活着真没意思，我这么拼到底为了什么”的想法。

也跟很多朋友聊过这个话题，每个人都有“不想活了”的经历。

因为我们想探寻人生的意义。无论你处在人生之巅还是跌落到谷底，你在纵情享乐还是禁欲苦行，你都免不了对眼前的一切产生怀疑——我这样做归根结底有何意义？

当无法得到答案时，就会有恍惚感出现。

但生无可恋和想自杀是两个概念。毕竟这种感觉转瞬即逝，会被生活的琐事迅速淹没，你又要马不停蹄地赶 DDL[1]，忙着做饭喂奶。况且等你又闲下来，吃着香喷喷的比萨饼或者酱鸭脖时，你会想，活着多好，傻子才去死。

而且我们也不敢死。对于没有患过抑郁症的常人来说，死是一项巨大的工程，要鼓起勇气行动，要面面俱到考虑身后事，要调动全身肾上腺素，要忍受挣扎的痛苦，要承受失败之后半死不活的风险，太麻烦了。

别对有这种想法太自责。你要知道，现实中最可怕的，不是经常表露消极情绪的人，而是那些永远热血愤张兴高采烈的人。那些二十四小时保持活力的人，要么早早被鸡汤荼毒了全身成为麻木的纸片，要么只是一戳就破的空皮囊。

也收到过一些同龄人的私信，他们向我倾诉对生活无望的感

[1] Data Definition Language，数据库模式定义语言。

觉。很多学生进入大学之后，都免不了面对两种情绪——对生活的无力，以及对未来的恐惧。

与心理预期存在落差。你以为课堂会生动有趣，会学习各个领域广博又艰深的知识，以为社团活动能帮助你拓展兴趣，广交朋友，真相却不如你所想。专业不是你感兴趣的，对人生方向的选择又迫在眉睫，没有导师和前辈可以向其讨教经验。茫然四顾，人生的岔路口，只有你自己。

我当然也有过消极的体验。大一暑假，室友都回家了，我在将近 40 摄氏度的天气里发着烧，躺在床上看着天花板发呆。天花板剥落了一大块，还有只苍蝇在上面爬来爬去。我长叹一声，哀怜起自己的处境。对所学专业不感兴趣，绩点又不高，继续读研学习恐怕已是不可能。至于写小说，三番五次被退稿，连基本功都打不好，不知何时能混出头成为“作家”。除了写东西，我好像也不会做其他的事，可能折腾到最后，连养活自己都做不到。

这样想着，一阵眩晕，突然就觉得生无可恋。

第一次出现“不想活了”的情绪之后，我狠狠地鄙视了自己，把这一刻写在记忆的耻辱柱上。我这么元气十足活力无限的少女竟然想着去死？实在接受不了。

但慢慢地，我接纳了它。当它在门外火急火燎地敲门时，我从容地迎接它，粗茶淡饭招待它，再平静地送它离去，就像和老朋友相处。

生活的常态，就是有悬崖，有霞光，有壮观的万丈瀑布，也有泥泞无趣的山谷，绝望的情绪也会像轻飘飘的羽毛一样无声无息地降临，但你只需要随它来，任它去。

听过很多道理，依然过不好这一生

中学时常有人叫我“学霸”。（这画风不太对……）

我还算是成绩不错，吊儿郎当几年最后考进复旦了，但我真不是学霸。不是说我完全靠运气蒙混过关，我也热血奋斗过，每次临近考试，晚上一定猛灌几杯咖啡，看书到凌晨三点。

但坦言讲，跟真正的学霸相比，我少了一种东西，叫孤注一掷的底气。

他们可以从高一开始规划三年学习路线，从此目不窥园。

他们敢放弃一所 985 学校，花一年时间复读，一定要考进北大。

他们能心无杂念把精力放在一件事上，而且这件事要等几年才能有结果。

而我呢？我忙于给自己开脱——高考结果是由各种因素共同决定的，甚至从天而降一场小感冒就能毁掉三年努力，成为人生的癌症。而且多学一个知识点也没什么用，毕竟三年后那场考试要等太久。所以啊，还不如洒脱点，白日放歌须纵酒。

其实我也知道“努力才有好成绩”的道理，可偏偏无法执行。因为离目标太远了，似乎所有的努力都虚无缥缈。

大多数人浮躁而缺乏底气。

磨好一把利剑，我们希望马上能手握它去战场冲锋陷阵；朝山谷喊话，希望马上能得到回音。希望学过的技巧三天后就能派上用场，希望今天背诵下的重点明天就要考到。即使有人耳提面命告诉你“读书很重要”“学英语锻炼口才练好 PPT 健身很重要”，你通晓一切道理，却迟迟无法行动。因为你读一本书，书的内容与气脉成为你的血肉，需要漫长的时间来潜移默化；你坚持去健身房举铁，坚持早上练英语听力，得到的进步也太难即刻检验。

生活里太多事的反馈周期太长了，就像在茫茫大海中航行的小船，不见灯塔，不见彼岸。行驶在寂寞的航线上，太容易泄气而陷入崩溃。

我们更偏好反馈周期短的事。

我曾在一场演讲中分享过自己的“励志故事”，一个月平均每天只睡五个小时，最后以山东自主生笔试第二的成绩考进复旦。

其实相比三年寒窗，突击一个月并不难，当目标近在眼前，我们当然愿意咬牙为之冲刺。与其航行在苍茫大海，我们更愿意做那个投进湖底就闻听扑通一声的小石头。

想想看，大学里我们都是靠几天突击通过考试的，考前老师给画好重点，用一晚上熬夜奋战变身“学霸”，最后轻松拿到不赖的成绩。而真学霸，是从开学第一节课就钻进图书馆看书的。

所以嗑瓜子能一口气嗑一小时，学习却不行。嗑瓜子周期短，瓜子马上落肚，而学习的反馈周期太长，见效太慢，我们会感觉太多努力石沉大海，回报遥遥无期。

一直以来，我都钦佩那些专注做一件大事的人。除了三年目不窥园的学霸，我的朋友有的愿意为了写一篇不一定会刊发的报道，调查奔波八个月；有的愿意为写一本可能会失败的长篇小说蛰伏一年；而有些科研人员甚至能为捉摸不定的项目献出漫长的一生。

他们想必是寂寞的，像看不见海岸的水手，望不见火光的飞蛾，奔向无边天涯的侠客。他们不需要清晰可见的成就来支撑自我，甚至找不到世俗的标尺去衡量他们人生的进度。

他们是真勇士，拿最宝贵的时间跟命运赌博。

我想，当有一天，你不仅愿意奔赴近在咫尺的成功，也愿意跋山涉水，尝试去征服远方始料未及的失败，那时，你听过的道理，就能支撑你过好一生了吧。

今 天 以 后 ， 人 生 无 数 可 能

有魅力的女孩当然可以没有姣好的面孔。因为和她们相处，你早就透过单薄如纸的皮囊，看到其下闪亮的灵魂，看到她们生命的山川云翳，来去往昔。

Chapter 2

爱自己是终生浪漫的开始

没有人能挟持她们的美丽

/ 1 /

姥姥喜欢看偶像剧，少女心爆棚，她是我心中的老女孩。

当年物质极度贫乏，她初中毕业可以去做老师，但薪水还不如在生产队种地，姥姥为了顾家，就成了农民。

后来嫁人，和姥爷把三个孩子养大。她做的最伟大的事，是把三个孩子都送出去念了大学。

在胶东农村，这太难。

我妈是老大，高三因为手生冻疮在家休养，错过了高考前的选拔考试，连高考的资格都没有。山东农村重男轻女很严重，我妈能读高中已经很不容易。家里所有人都劝她直接进工厂工作，我姥姥咬着牙说："再读一年！"

第二年，我妈落榜了。

我妈哭着说："我不甘心，让我再读一年吧，明年一定能考上。"姥爷和其他长辈气得摔了锄头，姥姥继续顶着压力，起早贪黑赶海卖海蛎子，供我妈读书。

第三年，我妈差了五分，还是没考上。

我妈把自己关在小黑屋里绝食。姥姥和家里其他人大吵了好几天，眼睛肿得像核桃，到最后，只喃喃重复一句话："我必须让她上大学。"

姥爷最后被劝服了，坐在炕上抽着旱烟无奈地说："那你自己出门借钱去！"差五分多交五千块钱，姥姥每天赶海卖鱼只赚几块钱，五千几乎是天文数字。

挨家挨户敲门求情，走遍村里几百户，一户借几十块钱，终于凑齐，把我妈送到中国海洋大学。

我妈走的那天晚上，姥姥在家流了一夜眼泪，第二天眼睛瞎了。

五千外债压在身上，瞎了也要继续干活，根本顾不上求医，她和姥爷每天凌晨三点起床赶海，清晨挑着扁担去集市卖海货，因为眼睛看不见，吃了太多苦。白天除了种庄稼，姥爷还出去给人做瓦匠打零工，姥姥在家绣鞋垫，用了不到一年，竟然还掉了债。

姥爷被感动了，向姥姥承诺说：“家里剩下的孩子，无论男女，一定也要供他们上大学。”

大概是卸掉包袱的缘故，债务还清没几天，姥姥眼睛痊愈了。

这件事家里一直瞒着我妈，好多年后姥姥才云淡风轻地提起。

我妈因为种种原因，没能留在城市，回小镇做了公务员。上大学没能让她大富大贵，但那段大学时光的确改变了她的一生。

姥姥眼睛不好，但特别喜欢看书，家里装上 Wi-Fi 后，她还会上网玩游戏看新闻。她追剧，以前喜欢《我可能不会爱你》里的李大仁，最近在追《太子妃升职记》。我在考虑寒假回家要不要教她玩知乎。

每次跟我聊天她都忧心忡忡：“美佳呀，你可千万别去整容，我看新闻里说很多玻尿酸都是假的。”“美佳呀，你有没有玩陌陌啊？千万别出去乱见人啊，好多小姑娘出去就回不来了。”“美佳呀，现在互联网 +，大家都在创业，你也做个项目吧，不用找风投，我在村里帮你找几个土豪……”

噗。

我小时候的文字启蒙是由她完成的，她教我背唐诗宋词，读《三侠五义》。性格上的开朗也是她的功劳。她在村里口碑极好，夏天聚众乘凉时从不说人闲话，待人热情，大家常来家里串门，或者借铁锹锄头菜种子小推车什么的。

相比知乎里大家提到的教授长辈，姥姥没什么文化，却是我生活中最有魅力的女人之一。

最艰苦的时候，她顶住压力，绝不盲从，即使成为众矢之的也坚守住自己的想法，做自认为正确的事。生活安逸时不断找寻新乐趣，不像一些老太太在无所事事中耗尽生命。

我见过她年轻时的黑白照片，干练短发，目光清亮，远称不上漂亮，但写满了内容。

那内容并非女孩饱读诗书的底蕴，而是带着几分天真，几分烟火，一点沧桑。

/ 2 /

我有个老朋友叫小敏。毕业后来上海工作，做运营。许久未见，打算请她吃饭。她说："别破费了，就在家里吃吧，我们一起做饭。"

好吧，买了菜噔噔噔跑去她家。

她跟很多人合租，住在大概十平方米的隔断间里。推开房门，我被简洁的北欧风吓了一跳。

隔断房的墙壁贴满灰色墙纸，床品毫无褶皱，衣服整齐地挂在柜子里，各种书在自制的书柜里排列整齐，白色地毯干净蓬松得就像刚发酵好的面包。

在房间里每瞟一眼，都能发现她的小心思。几株植物插在塑料瓶里，墙上的相框也是她 DIY 的。

吃饭时，我又观察她。穿简单的白色卫衣，光滑平整没有一处起球。她没化妆，皮肤光洁，笑容满面，眉毛修得一丝不苟。指甲上没有花哨的图案，头发没染颜色，干净不加修饰的样子，让我忍不住在心中大呼精致。

上中学时我就认识她，这么多年，她外形变化不大，一如既往的学生扮相，规矩朴素，或许扔在人堆里拿细渔网也捞不出来，但靠近她，这种认真朴素被放大，竟然成了优雅。

她生活得太认真了。写工作计划，立刻关掉 Wi-Fi，不看手机，一丝不苟地写一下午。

每天晚上雷打不动地花两个小时读书、写笔记、做思维导图；和她聊天，她会笑盈盈地直视你的眼睛，仔细倾听你说话；好朋友的生日从不错过，守在零点准时发送祝福，精挑细选送礼物，手写贺卡；更奇葩的是，自从找了男朋友，她竟然开始认真学习床上本领。我觉得她走火入魔了，劝她赶紧悬崖勒马。她说："为什么要避讳呢？性也是生活重要的一部分啊，不懂就要学嘛。"

她并没有"琴棋书画"这些女神标配，只是，当大家把生活过成匆忙的流水席，应付着在凌乱的出租屋里睡觉，草草糊弄每一份工作，匆忙打发每一段交情，甚至在床上和男朋友互相敷衍的时候，她珍视每一件小事，自得其乐，把一团废纸展开氤氲成山水画。

/3/

她是我的女神。

半年前，好朋友的工作室搬进大别墅，请一群人来暖房趴，在派对上认识她。

一群人打 UNO[1]，我以前没玩过，坐在旁边看他们玩。她看我落单，跑来教我，告诉我各种牌怎么用。她五官并不出众，化着淡妆，直视我的眼睛，浅浅的酒窝露出来，我被暖化了。

后来玩杀人游戏，有个新手姑娘不会玩，三番五次乱投票瞎搅局，几个男生有点恼怒，气氛很尴尬。她出面解围，又扔下牌过去和女生一起玩，皆大欢喜。

晚上我们在外面烧烤，各种材料工具都是她折腾来的。吃吃喝喝热闹尽了，她默默留下来收拾残局。把头发别到耳后，露出小巧的耳钉，戴着塑料手套把垃圾收起来，捡起地上的竹签，没有半点不耐烦。

[1] 一种牌类游戏。

自带光环。

打牌时就对她极有好感，观察了她一个下午，被她的气质和涵养征服，心想一定要认识她。

后来我们成了很好的朋友。

她是做 VC[1]的，一天忙活十几个小时，每天竟然还有时间读《西方哲学史》这种书。

创投圈里追她的男生前仆后继，她不反感和他们接触，但不适合就果断拒绝。从没想过拿美貌做事业的垫脚石，更不养备胎。

我陪她在 iapm 逛过一次街。我对一些奢侈品牌不太了解，喜欢向她问东问西。她对那些大牌如数家珍，甚至和国外很多一线设计师有私交，但她从不刻意炫耀，基本我问她什么她才会答。

想起第一次聚会，大家大谈 VR[2]和人工智能，说是下一个风口云云，她认真聆听，偶尔才搭几句话。其实她早就投过相关公司，对一些核心技术也了解得很透彻。

虽然不是大美女，但她几乎拥有世俗认可的一切外在贴牌——气质、学识、事业。她才二十多岁，才华横溢，思想深刻，但她懂得克制。

女孩们跃跃欲试，在大好年纪争相成为引人瞩目的烟火，而她

[1] Venture Capital，风险投资，又称创业投资。
[2] Virtual Reality，虚拟现实。

想做通透的月亮。

有魅力的女孩当然可以没有姣好的面孔。因为和她们相处，你早就透过单薄如纸的皮囊，看到其下闪亮的灵魂，看到她们生命的山川云翳，来去往昔。

她们一定不是瑟缩在柜子里的珠宝，小心翼翼地待在光芒之下，讨好般等待世俗的垂爱。她们没必要今年跟风开欧式双眼皮，明年把鼻头整成水滴。

她们更像自由行走的花，没有人能挟持她们的美丽，你只是途径了她们的盛放。

她们永远都在做自己。

爱自己
是终生浪漫的
开始

这个周末，我给远在威海的父母订了机票，请他们来上海玩，恰好来过母亲节。

我掏出自己压箱底的辛苦钱，咬牙带他们去我平常不太光顾的餐厅和酒店，原因无他，哪怕他们狠狠怨念我奢侈，哪怕给他们留下骄奢腐败的坏印象，也好过他们远在千里之外，整日担心我委屈自己。

我妈反复念叨：“不必带我们去哪儿，我们在图书馆陪你学习就好。你过得不错，我们就放心了。”我还是带他们四处逛，去杜莎夫人蜡像馆的时候，我妈雀跃着和她的偶像林丹合影，她眼睛里的光，就像高中女生哼出的音符，特别少女，特别亮。

但更多的时候，我妈习惯把自己的想法藏在心里，甚至让它慢慢被岁月埋葬。

我在知乎上写过一个争议颇大的答案，其中写了一些我妈的片段。她会在县城商场给我买很多新衣服，却从不给自己添置新衣；她总是做我喜欢吃的菜，却从不迎合自己的口味；她自己过得潦草而将就，却成了购物狂不断为我和爸爸买买买。

答案最后，我说："我爱她，尊敬她，愿意为她倾其所有。但我不想成为这样失去自我的母亲。我多希望她能每天把自己打扮得美美的，和闺密们去美容去逛街去旅行，做个忘记给老公做饭也忘记给孩子打生活费的妈妈。"

其实我妈也很酷炫。她十六岁时执意把原来的名字"红岩"改成"筱莉"。她高考发挥失常也没有轻易放弃，最后终于念了中国海洋大学。她为我留下满满一面墙的大书柜，在小学毕业前，我几乎把里面的书读完。她那么爱我那么爱唠叨，却从不阻碍我独立做任何一个决定，放手让我去过我想要的人生。

时常惋惜，明明她也曾是巧笑倩兮美目盼兮的姑娘，明明她也曾读书万卷，妙手著文，曾和现在的我一样，敢想敢做又倔强。但后来，就像中国太多个家庭里平凡的母亲一样，拥有诸多附庸于家庭的身份，母亲、妻子、女儿，却偏偏忽视了取悦自己。

知乎上有个问题：哪些经历会让你觉得你一定不是爸妈亲生的？很多人的妈妈，跟子女的日常谈话是这样的——“我要去跟闺密逛街美容，就不给你做饭了”“你回来很打扰我啊，家里有你没你都一样”“我要出去旅游，这几个星期你自己照顾自己吧”……

其实，我很希望妈妈能成为这样的人，一个更“自私”的人，更关注自我的人。

昨晚看一篇文章说，中国母亲活得很没意思，她们挂在嘴边的话是，“一把年纪了还护什么肤”“衣服款式太年轻我不适合穿”“我奋斗这么多年就为给儿子买套房”“都当妈了还需要什么兴趣爱好”……

她们习惯把人生的重心放在家庭上，子女过得好就很知足，为了孩子冲锋陷阵，忘记停下来，给自己置备一身华裳。

其实，很多妈妈忘记爱自己，也跟我们子女有关吧。很多时候，我忘记停下来问她：“你最近过得好不好？”在大学里我听过很多同学给家里打电话，通篇都在汇报自己的生活，讲自己的欢愉与烦恼，从不会一转话锋，问一下妈妈：“你呢？”

我们真的要让妈妈深陷在“只要子女过得好，我就安心了”这样局限的想法之中吗？

当我们慢慢成为独当一面的成年人，披荆斩棘日渐强大的同时，是不是应该停下来，读懂妈妈的需要，重新帮她找回兴趣与欲望？

每个妈妈首先都是女人，有爱美爱玩的天性，而后才是一位母亲。花坞樽前微笑，暑至临溪濯足，柳荫堤畔闲行……这些人间赏心乐事，也曾令她们心之所至啊。

王尔德说，爱自己是终生浪漫的开始。我最欣慰的时刻，并非听妈妈为我唠叨，并非聆听她讲述为我付出多少，而是她告诉我，她把《太阳的后裔》看了三遍，特别喜欢宋仲基，她有生之年一定要环游欧洲……是她把句子的主语变成自己。

我想，跟妈妈说“我爱你”的意义，是让她更坦荡地爱自己。

好恨自己不精致

/ 1 /

小时候会给未来的自己勾勒出一种形象，“精致”是我最先想到的一个词。我认为这就是对一个女性最高的褒奖之一，那不是缺乏灵气的精雕细琢，也非珠光宝气的生硬堆砌，是由内而外的精巧剔透。

但慢慢发现，理想很丰满，现实很骨感。在一篇文章里，我写过自己的一种状态：“很多年前就想过，我二十岁的时候一定是个精致的女性。每天踩细高跟上街，眼线画得很流畅，见了谁都轻声细语笑不露齿。可是现在每次吃冰激凌奶油都会滴到裙子上，急眼了控制不住爆几句粗口，经常踩着人字拖飞奔赶火车——对这样的自己有点失望，但就是恨不起来。”

回归生活才发现，有时向物质妥协就必须放弃那个更巧夺天工的水晶杯，向舒适妥协就必须踢掉华美高跟鞋换上粗布鞋，向时间妥协就必须放弃半小时盐浴只潦草冲几分钟澡。

唉，面面俱到的精致显然是种奢望，那索性任脱缰野马驰骋，旷达地随心去就好。

/ 2 /

但心中依然藏着很多精致的女性。

想到作家陈丹燕写过一本书叫《上海的金枝玉叶》，提到老上海永安百货郭氏家族的四小姐郭婉莹。

郭小姐从小吃遍珍馐美馔，英文流利，在伦敦长大，回国念燕京大学，是那个时代最顶尖的白富美。不过，这种贵族出身倒没什么说头，把任何人放在锦衣玉食的生活里，大概都能举止优雅，拿腔拿调。

打动我的是后面的故事。

新中国成立后百货公司被收归国有，从前出门永远坐轿车、有保镖相随的她，换上粗布衣服，做起了职业女性。条件艰苦，她却能用煤球和铁丝烤出酥脆的吐司，用铝锅做出有圣彼得风味的蛋糕。

后来丈夫被打倒冤死狱中，家中财产全无，她也被迫去乡下劳改，养猪，干脏活累活。但她永不屈服，永远抬起高高的下巴。她坚持穿旗袍清洗马桶，穿着光洁的皮鞋在菜场卖咸鸭蛋。

可能这就是精致，能享受最好的，能承受最坏的。生活给她酸柠檬，她用来榨成好喝的柠檬汁。

/ 3 /

实习的时候，结识过一个做电视新闻的记者前辈。

在一个发布会上，人山人海，很多人不顾形象地蹲在地上记笔记，而她笔挺地站在角落，一手托着超薄笔记本电脑，一手飞快打字，一身黑色套装和干练的妆容十分得体。实在太吸睛。后来慢慢了解她更多。

她每天要工作十几个小时，采访、写稿、剪片子，四处奔波，忙得像火力全开的女斗士，却优雅如生活美学家。

在去采访现场的路上，她一边听时政新闻，一边打开化妆包有条不紊地化妆，确保下车后精致地出现在采访对象面前。七厘米高跟鞋，睫毛根根挺立，嘴唇晶莹，香水恬淡，头发没有一丝杂乱。

晚上回家，一定要泡澡敷面膜，开香薰机读书，无论多忙，每周都要去几次健身房，而且坚持练习书法。

虽然做民生新闻，她也关注时尚圈，跟进各大秀场动态，买自己喜欢的大牌，穿衣品位极佳。

在这行，大家都调侃自己是“新闻民工”，面对高强度的工作甚至顾不上一日三餐，哪有时间打扮自己，很多不修边幅的女同行甚至觉得她是异类。她一笑置之，继续保持精致。

从小受教育影响吧，我们会把过分注重外在的人定义为“肤浅”，把所有深刻都聚焦于所谓的“内在美”。甚至有前辈会告诉你，在年轻的时候，只需埋头钻研专业技能，练就十八般武艺即可。剩下的一切，当你有了经济实力，自然手到擒来。

所以太多女生把所有精力投注于办公室，把青春圈养在图书馆，拖着疲惫的身体和粗糙的外表去追求真知真理，以为这就是内在涵养的本质。

慢慢地认识了越来越多比我年长的女性，发现得体的外在也是内在涵养的一部分，她们的灵魂和外在一样优雅。

我以前觉得精致离自己很远，就像文章开头说的，既然做不到全盘精致，那就放弃，自由任性无拘无束地生活就好了。但也发现，有时候哪怕多花一点点心思，出门前把鞋擦得一尘不染，洗澡后把头发养护得细滑柔软，化妆时把眼睫毛刷得根根分明……就会觉得，心情畅快了不少，腰挺得更直，对生活多了一丝感念。

做不到像郭婉莹那样高贵一生，但或许我们可以，每天精致一点点。

人生要有大欢喜，也要有小确幸

/ 1 /

那天和朋友闲聊，说起人在哪些时刻会特别舒服和幸福。

和朋友话别后，回家一个人又忍不住思考了这个问题。突然发现，那些舒服的瞬间，都不是“春风得意马蹄疾”式的巅峰时刻，而是一些细密的小事，像流水一样，静静地淌在人生里。

上高三的时候，每天定六点钟的闹钟起床。突然被窗外的犬吠声惊醒，迷迷糊糊中点开手机屏幕，发现才五点半。扔下手机，换个姿势继续睡，整个人陷在酥软的被子里，觉得好幸福。

有心事，夜里失眠，辗转反侧。索性爬起来，泡上家里最后一桶方便面，把头埋进去，调料的香气直接从鼻尖钻到胃里。看着窗外一片散淡又暖煦的灯光，烦恼也随着饥饿感的消失而慢慢散去。

/ 2 /

从健身房出来，回家的路上买一瓶冰汽水，回到家把自己扔在床上，盯着天花板大口喘气，每滴汗都散发着健康的气息。

回寝室发现宿管阿姨那里有我四五个快递，把它们抱在怀里，回到寝室后一一拆开，漂亮的产品摆在桌上，再把快递盒一股脑儿丢出去，留下气泡膜，可以捏老半天。

晚上一个人坐在出租车上，耳机里放着李宗盛的歌："说不定我一生涓滴意念，侥幸汇成河。"车子行驶在高架桥上，灯光向眼睛扑来，原本高耸的楼宇也和人"平起平坐"，那一刻，脑袋放空，盯着窗外出神。

/ 3 /

昏天黑地写论文，终于写够了规定的字数，检查完错字之后，拿着 U 盘去打印店，打印好之后装订在一起，用手摸一下发烫的纸，那一刻，心想这么刁钻的论文都搞定了，自己太有才了。

期末考完最后一科线性代数，走出教室时直接把教材和笔记丢进垃圾桶，背着空书包和室友慢悠悠地走回寝室，黄昏在肩膀上融化，收拾行李准备回家。

连续敲键盘好几个小时，终于赶完一篇稿子。如释重负伸个懒腰，正好叫的外卖也到了。

/ 4 /

拿到第一笔薪水，崭新的粉红色纸币，没有经太多人之手，还没有染上这个世界的恶俗气息，我是它们的第一个主人，手感太好。

夏天屋里开着空调，在床上披着棉被，发现追了好几年的美剧又更新了，边看边吃西瓜边啜饮汽水。

这样的时刻还有很多。或许这就是小确幸，村上春树笔下微小而确切的幸福。有些时刻的舒服是莫名的，像一支柔软的箭突然把你击中，让你惬意地呼吸，忍不住感慨，原来活在人间是一件如此畅快的事。

一直以来，有两句诗我特别喜欢，一句是李涉所写：“因过竹院逢僧话，偷得浮生半日闲。”另一句出自李九龄：“莫问野人生计事，窗前流水枕前书。”相比一些诗人忧国忧民的崇高境界，这两句诗顶多算是小品，懒懒散散，但谁说这种闲适的惬意不值得书写呢?

所以不是很赞同叔本华那句话：“生命是一团欲望，欲望不满足则痛苦，满足便无聊。人生就在痛苦和无聊之间摇摆。”有时我们卸下欲望，发现还有那么多舒服的时刻可以享受，这也是活着的奥义啊。

知乎上有个问题是“你为什么活着”，一个答主写的是“糖熘鸡头米、拌鸡丝、拌肚丝、什锦豆腐、什锦丁、炒蟹肉……”一口气报了上百个菜名。是啊，取悦味觉的确也是生活的趣味之一。

慢慢会发现，吃过珍馐美馔，赚过几两钱财，浪得几分虚名，救得天下苍生，这些满足欲望和实现理想后带来的幸福当然可贵，但有时候那些实实在在的舒服，也会让人欣然沉溺其中。

人生要有大欢喜，也要有小确幸。

和俗世
最舒服的相处，
不是对抗，是征服

认识老苏好多年了，在我心里，她是全宇宙最不俗气的女人之一。

我们偶尔在朋友圈晒高级餐厅定位，晒生日收到的奢侈品礼物，她发的状态是去贵州支教几天没洗澡。她业余玩摄影，看她烧钱折腾器材我都肉疼，但她买了再好的物件也不发图炫耀。我怀疑有朝一日她就算跟颇有名望的长者谈笑风生，也不会合影留念搞个大新闻。她经营着内心的山水格局，从不需要浮华的镁光灯装点门面。我完全能把做阅读理解形容陶渊明的词儿套在她身上——淡泊名利、超然物外、旷古高洁………

然而，最近老苏变了。

她是编剧，最近内容产业大热，她的本子卖出一些影视版权。拿到一大笔钱，我以为她会捐个希望小学什么的，或者给自己买台昂贵的古筝，总之作风一定高雅。没想到她买了一辆宝马车，我也不懂是 X 几的，反正很贵。再后来，她的朋友圈也出现了各种名人合影，奢侈品 Logo 若隐若现，她就像长袖善舞的交际花。

最近一次见面，她拎着十万块的爱马仕包，光鲜亮丽。以前那个出门只拎环保购物袋的女人不见了。

我说："你怎么变得这么物质了，脑门子上都写着锃光瓦亮的三个字——'姐有钱'。"

她说："不是这个道理。"

以前她从不期望作品能获得大众肯定，一直写边缘而实验性的东西，同时对世俗市场保持不屑的距离。"但这个时代快要笑贫不笑娼了。"她自嘲说。当边缘艺术家根本得不到尊重，她永远忘不掉参加一场晚宴别人看她拎着购物袋时的眼神。再问她都写过什么作品，她饶有兴致地讲观念想法，对方只回了一句："哦，这个就算拍了也卖不出去吧。"

后来老苏决定转型，她很有灵气，很快获得成功。赚钱后她改变作风，买所有人一眼就认得出的好车和好包。

"我想通了，不需要外界肯定也能活得潇洒自如，但人生一世，没必要活得拧巴。毕竟再避世，总要跟社会沟通，降低沟通成本当然好。"

俗人不懂她可贵的才华，只认识票房，好啊，就把才华换成票房砸给他们。

俗人不懂她有趣的灵魂，只认识名车名包，好啊，姐也有。

大家参不透她的高山流水，没关系，懒得做多余解释，简单粗暴地把符号甩出去，无非是钱和地位。她拎着爱马仕出门见资方，对方马上就在细节上非常大度，行走江湖多了很多方便，降低了太多成本。包是她的盾甲和武器。

她买很贵的包，本质不是向世界弯腰妥协，而是放下疏离的态度，驾驭着顶尖的世俗符号，去主动征服世界。

赢得浮名后，她还经常写边缘性的东西，这次同行不再冷眼睥睨，开始认真读她的作品。她明白了，和俗世最舒服的相处，不是疏离，不是对抗，是征服。

包不仅仅是包，它是一个隐喻，可以指一切功名利禄。

你越是淡泊名利，越是超然物外，越是想跟庸俗时代保持距离，就越应该去获取一些俗不可耐的东西。因为它们是你的保护伞，让你免受势利者的奚落讽刺，避开蝇营狗苟的纷争。它们反而会帮助你，在这个糟糕的世界里，永存初心，永葆天真。

真正的热爱，是一生只做一件事

几个月前和几人吃饭，等菜的间隙有人顺势挑起一个话题，谈各自工作之余的兴趣爱好。紧紧缠绕的毛线团突然被扯开线头，沉默的餐桌变成热闹的跑马场，烽烟尘土，蹄声阵阵。

当时的气氛是这样的——

“我喜欢看电影。家里有巨幕投影仪，音响也是顶级配置，卧室墙上的电影海报每个月换一批。”

“我喜欢烘焙，什么戚风蛋糕牛角面包杧果班戟都不在话下……”

“我喜欢桑塔格。什么？这么著名的作家竟然有人不知道。我有她的全套藏书，看了好多遍她的传记。”

轮到我，我只好挠挠头，把摄影、弹尤克里里这种标准小清新爱好拎出来。

……

而后我旁边的朋友老张说："我全天都在工作，没有其他兴趣爱好。"

气氛突然变得尴尬，就像大家摆好排场演奏交响乐，尾声却插进一声不合时宜的唢呐。

"人生在世要有点爱好嘛，要过得丰富些，学会热爱生活呀。"有人喝一口茶，接应了他的话。

大家纷纷"是呀，是呀"地附和，目光里的同情甚至鄙夷没击穿老张，却拐弯把我的心打得四分五裂。

老张的一句话激出了大家全部的优越感，觥筹交错间他们一直在谈"爱好"——她把早餐做得花样百出，他陶醉于小剧场演出；她喜欢做手工做银器，他收藏建筑模型……末了所有人一致点头总结，我们还是要热爱生活，要过得有品质，于是大家再一次意味深长地看着老张。

我一向认为餐桌上的争辩毫无意义，无非逞一时口舌之快，而后庸人自庸，但还是懊悔于那一刻没有为老张说句话。

老张是记者，是我非常敬重的前辈。大一刚入行时他对我说："做记者，工作和生活之间没有界限，每时每刻皆是修行，功不唐捐。"

他的确是这么做的。脑子灵光文笔练达的年轻人做报道，想从零开始达到合格标准，总是不难的，但想登堂入室炉火纯青，就要靠勤勉专注配上时间的药引子，细水长流慢慢研磨了。其实万物皆如此，要做巅峰手艺人，学习是一辈子的事，“功是练不完的”。

除了经营感情，老张将全部精力花在采写上。记者这行博杂无比，要不断读书，练习写作基本功，去乡下做调查，至少用三个月时间深入基层，收集几十上百个信息源。每天工作十几小时，小火慢炖，一年产出寥寥，但这几乎是他的全部生活。他无暇应酬，无暇赏景观花、品茗煮茶。他的生活的确寡淡单调，但这怎么不是热爱生活呢?

吃完饭老张郁郁寡欢。我没安慰他什么，只是一边散步一边给他讲我另一个朋友 Sam 的故事。

Sam 是典型 geek，牛津毕业，计算机和哲学双学位，现在带一个 90 后团队做 VR，A 轮融资拿到 6000 万美金。

他的生活重心也在工作上。我们曾经一口气聊过八小时，他结合哲学讲计算机的发展变迁、代码逻辑、底层架构，简直给我普及了大科技史。工作之余他的爱好也是写代码，用 iOS 和安卓兼容的底层语言写过各种 app，高斯模糊等各种特技全自己搭出来。

当他像大多数程序员一样，一本正经地告诉我“下班后我喜欢写代码放松一下”，我会觉得他蠢萌，甚至怜惜他生活单调，后来才发现他好幸运，能将一份事业贯穿生命始终。他不需要找寻其他事物排遣烦恼消磨时光，他最热爱的事业，像辽阔的田野，让他在里面蓬勃生长，也容得下他调皮撒野，承载得下他生命的重量。

我欣赏志趣广泛的人。但他们中经常以此夸夸其谈的人，多半无法在八小时工作时间之内获取成就感，只能以众多爱好来标榜自己热爱生活，高呼“工作之外才是人生”。他们有时投入到某项看似“高雅小众”的爱好中去，甚至不为内心欢愉，只因附庸风雅，接触高逼格的爱好，自己也会多一道光环。这本身无可厚非，俯仰一世，在纷繁中多采摘几朵花放进口袋，没什么不好。我无法容忍的，是有些人浑身散发出的优越感，你凭什么认为没有广泛志趣就是不热爱生活呢？拈花百种与植木一棵，各有活法罢了。

人一生，有一件事业让你为之嗔痴，那真是福祉。旁人看到的是枯燥无味，而此中真意，欲辩忘言。热爱生活不是一定要开疆拓土，探索生命的广度，也可以将全部时间，投注于心之所爱，探索生命的深度。

放下，
是对不切实际的梦想
最好的殉葬

其实我一直梦想成为歌手。觉得唱歌比写作酷炫多了，在台上哼一段旋律，一颦一笑，迷倒众生，击穿灵魂，简单，赤裸。不像写作，那些经久不衰的句子，可能是作家边抠脚边写出来的，谁也捕捉不到文字背后的人。

四岁时亲人婚宴，我拿着话筒咿咿呀呀唱当时最热单曲《常回家看看》，艺惊四座。

小学时有十个厚厚的歌词本，几乎收录华语乐坛所有金曲。

初中时坐校车回家，在摇摇晃晃的角落里作词编曲瞎唱，用

手机录了好多首 demo。拜访过小镇唯一的声乐老师，每周偷偷摸摸一路小跑去她家上课，咿咿呀呀唱民族唱美声，震得小区车鸣一片。

高中时翘课，躲在洗手间里掏出手机玩唱吧，年级主任闯进女厕把我拎出来。没正式登台唱过歌，不知自信从何而来，那时觉得自己简直是天才，将来妥妥在作家圈传媒圈娱乐圈多栖发展，石破天惊。

进大学不久，参加了人生中第一次歌唱比赛，唱《夜夜夜夜》。结果没一句在调上，副歌直接飞到九霄云外，嘘声一片。佯装镇定下台，脑袋一片空白。

不甘心，一个月后又找机会在台上唱了首《囚鸟》，撕心裂肺喊到高潮时，我看到了观众替我尴尬的扭曲表情。后来实在喊不下去了，大脑缺氧，心乱如麻。跟大家说了句“开心就好”，仓皇下台，难过到极点。

倒不是因为没面子，毕竟“选择性地不要脸”是钻出娘胎就学会的道理，在舞台上主持节目一直习惯做出糗的谐星，丢点面子是不值一提的小事。难过是因为从没意识到自己不会唱歌。原来击碎我梦想的，不是什么怀才不遇生不逢时，只是没天赋没实力。

这太讽刺了。

我可以云淡风轻地承认自己不擅长跳舞，毕竟从未在这条路上付诸行动。但是从小学起埋下的梦想，冬练三九夏练三伏，最后被“平庸”二字粗暴秒杀，实在太痛苦。

后来用了很长时间，我才慢慢接受了自己音乐上的平庸。我像往常一样，在月大如盘的夜里静静听歌，终于发现曼妙声音，真的不属于我。

不过，忽然轻松了。

我们每个人都背着很多包袱前行，但不是每个包袱都有扎实的重量，丢弃不切实际的梦想，就是放下被注水海绵塞满的包袱，打碎虚妄的假象。

好在，歌手这个梦想包袱放下了，我还有别的梦想，我会竭尽全力保护好其他包袱，送它们去往真正的终点。这就是对不切实际的梦想最好的殉葬。

前几天，《2016 超级女声》编导找我，问我要不要参赛。有那么一个瞬间，我短暂地幻想过，或许找个师父卧薪尝胆突击几天，我也会焕然一新，站在台上，石破天惊。然而，身体里另一个声音打岔道：“别、做、梦、了！”就这样，一分钟后，我跟编导说：“对不起，我不会唱歌。”

《笑忘书》里唱，“从开始哭着嫉妒，变成了笑着羡慕。”从前对唱歌这件事心怀敬畏，不敢随口哼歌，和一群人唱 K 一定要唱最拿手的，别人夸我两句就飘飘然，觉得自己真是当歌手的料。现在走到哪儿随便唱，在 KTV 也不顾形象地嘶吼，开心就好。

从前好想变成舞台上扣人心弦的歌者，现在觉得，做个走心的听众也不错。

认清自我的局限之后，反倒更珍惜自己的才华，更珍惜那丝微弱的光亮。

是吧，那句话说："我与我周旋久，宁做我。"

自信就是
大大方方慢一点

我讲话语速很快，像夏天噼里啪啦的雨点。从前一直沾沾自喜，以为这是思路清晰大脑反应快的表现。直到有人打断我，要求我把含混的地方再解释一遍，我大惊失色，磕磕巴巴，不知所言。

原来我讲得快，不是思路清晰表达能力强，而是怯懦，不自信。我不敢把观点一字一句讲出来，害怕它在空气中暴露太久，让大家找出破绽，最后像泡沫一样被狼狈击破，只好含混而过。

有次在交大演讲，时不时撞见台下几个理工男一脸漠视的表情，我内心凌乱，不由自主越讲越快，最后舌头打结，语速像爆米花机一样。而前两天在初中演讲，看着那群眼睛闪着星星的小朋友，自然有了 hold 住全场的感觉，于是放慢语速酣畅淋漓讲了好久。

再看那些领导打官腔。虽然讲了一堆毫无逻辑的官话套话，但底气十足，抑扬顿挫，这种自信也是本事。

怎么增加自信?

我一遍遍提醒自己，哪怕台下都是些不耐烦的脸，也要讲慢一点。让每个观点掷地有声，让每句话在空气中伸展到位。哪怕大大方方讲错一个观点，也好过畏畏缩缩让你的真理蒙受委屈。

我很佩服一个姑娘，有次一起做一个活动，她最后一个出场，观众已经在硬板凳上坐了五个小时，生理和心理都到达极限，各种打哈欠玩手机跺脚睡觉，没人专心听她讲话。而她从容上台，微笑，娓娓道来，字正腔圆，无视台下的兵荒马乱。十分钟过去，她状态依然不变。到最后，大家被她感染，放下手机听她说话。

大部分人是敏感的，本能地依照别人的反馈做事。讲话时觉察到对方心不在焉，就识趣地收尾，谁都不想做热脸贴冷屁股的人。

自信，就是适当地把敏感用棉被盖起来，适当地“以自我为中心”。只顾完成你的表演，把干扰你的人屏蔽掉。

我讲话时大部分时间都带着笑，夸张的时候甚至特意停下来，专注地笑几秒钟，“哈哈哈哈”。讲话时多笑笑，既缓解紧张情绪，又让观众放松，总是没错的。直到我回头看视频，看到自己在冷场时的傻笑，真的是尴尬癌都犯了。就像你站在人群中央手舞足蹈想祈求一场大雨，但道行不够，只打翻了手边的玻璃杯打湿了自己，惹得看客为你面面相觑。有时生硬的笑声并不会帮你调动气氛，反而会暴露你底气全无，暴露你内心的仓皇与不安。

所以，发表观点时没必要过分展现出“讨好型人格”，酷酷地做自己就好。气氛到了嗨点，笑声自然会随之而来，而刻意的尴尬傻笑只会让观众更加无动于衷，让你陷入不自信的死循环。

此外，语气也很重要。从前我很喜欢用“或许”“可能”“大概”“吧”这些推断式的字眼，以为这是谦逊严谨的表现，但其实不是，只是我害怕。我不敢把内心的观点用坚定不移的语气说出来。我左右摇摆，模棱两可，因为害怕被反驳，害怕我才二十岁，输出的人生道理是幼稚的、被人轻视的。就像小时候做选择题，犹犹豫豫的时候，把 B 和 D 重合写在一起，索性让老师去猜。

保持谦逊是美德，留有余地也没错，但是在表达那一刻，你要坚定地告诉自己：“在认知范围内，我所说的每句话都是对的。如果不对，我愿意为之承担后果。”就像我所认识的那些自信的前辈，他们写作精准简洁，从不拖泥带水。观点大大方方地抛出来，任由他人评判，从不闪烁其词。他们语速均匀，确保你能听清楚每个字，遇到质疑，就从容回头再讲一遍，从不含混而过。尽管他们知道有些观点会被质疑、被推翻，但他们从不畏惧。

当我跑步时，我在想什么

我曾经误打误撞进了一个跑步群，六个人约定每周两次在江湾体育场集合。

他们每个人都装备精良，荧光鞋，运动裤，戴手环。我穿着牛仔短裤直接过去了，头发散乱地缠在脑后，真是相形见绌。

从没想过我会主动去跑步。默认意识里，这是世界上最无聊傻气的运动，没有之一。简单地伸腿伸胳膊毫无技术含量，哪怕一行人一起跑也默不作声，唯一陪伴自己的，只有脑袋里反复翻滚的意念。而且对于跑步这件事，我是有心理阴影的，它让我想起一个词叫“跑操”。一群学生浩浩荡荡地冲进操场，队列整齐划一，踏着小碎步，喊着口号，一不小心鞋子就被后面的人踩掉。我懒洋洋地跟在他们身后，边低头看美剧边漫不经心抬脚。我能坚持下来，只是因为跑完步大家能一起吃夜宵。

那是我人生中的体重巅峰时期。跟很多人一样，我此前没想过自己会跟“胖”这个字扯上关系。在人生的前十八年里，我一直老实本分地做着一个不起眼的瘦子，人群中的小透明。而在一段时间毫无防备的大吃大喝之后，我变成了一百零五斤的胖子。

这个跑步群里的大多数人都比我瘦，尤其是一个叫小美的姑娘，两条胳膊像纸片一样粘在躯干上，被风吹成波浪线。我们坐在热烘烘的大排档里，小心翼翼地吃着由几种蔬菜组成的麻辣烫，慢慢喝汤。聊起来才知道，原来他们以前都是圆滚滚肥嘟嘟的胖子。

小美一边嚼金针菇一边打趣以前的自己：“这世界对胖子的敌意太深了。在食堂排队买饭，后面居然自动分成了两排，还有人嘲笑我说挡了他们的 Wi-Fi 信号。上街和朋友聚会，他们打招呼的方式就是拍我的肚子。我可是个女孩子啊！”

大家都被小美的神吐槽逗笑，我说：“现在你只能让人联想到金针菇，根本想象不到你是胖子。”小美把几年前的旧照找给我看。她在鸟巢前面勾着一个男生的脖子朝镜头笑，憨态可掬。胖版小美的五官尴尬地挂在脸上，被横肉一本正经地蹂躏着。

曾经有人义正词严地说，千万别和减肥成功的人做朋友，因为这种人对自己太狠，为了达到目的，什么都做得出来。其实，只要被生活逼到份儿上，任何人都能成为实践派励志大师。

男朋友跟小美分手，因为她胖，而且胖得遥遥无期，留下的最后一句话是：“每天睡觉时你就像一头猪躺在那里。”

很多人下定决心改变，是因为生命中的“某一刻”。因为被女生直言拒绝，因为被路人冷眼嘲笑，因为被朋友开着玩笑讥笑……小美说，中学时坐在后排的男生三番五次取笑她是死胖子，甚至用圆珠笔在她背上画猪头，她恼怒、委屈、无助、怨天尤人，却始终没想改变，因为内心接受了自己肥胖的形象。到第八百次被叫死胖子的时候，她终于下定决心减肥。“死胖子”三个字并不是压垮骆驼的最后一根稻草，只是别人的话终于成为一面刺眼的镜子，映出了自己。

有人在知乎提问说：“这是个以瘦为美的时代，胖就没有任何好处吗？”最高赞答案言简意赅，两个字：“没有。”七宗罪之一是暴食，肥胖在当代语境里不再是衣食无忧的象征，反而意味着贪婪与毫无节制。

有人说，减肥时，感觉身体里住了四个人——唐僧、孙悟空、猪八戒、沙和尚。每一天唐僧都说：“我要吃素。”猪八戒说：“我要吃肉。”孙悟空说：“我要吃水果。”沙和尚说：“师父、大师兄、二师兄说的都对啊！”

我有过一段毫无节制吃东西的日子。

那时闷头给一家公司写几万字的采访稿，写完拿到一笔钱。我做的第一件事，就是一个人跑去自助餐厅吃烤肉。把肉放在热烘烘的铁架上，看它吱吱冒油，瘆人的鲜红色慢慢变成温润亲和的暗褐色，烤到八分熟就迫不及待把肉夹起来，蘸上浓浓的调味酱，在酱汁滴下去之前，抓紧时间把肉送进嘴里。过分咀嚼甚至都是浪费时间，只要酱汁和牛肉的香气充盈口腔，渗透到舌尖与舌苔，以及牙齿的缝隙，肉就可以吞咽进肚了。然后从铁板上夹起另一块，不必节制，更不必顾虑形象，吃多少块也不到头。

从那以后我就爱上了这样的生活。拒绝陌生的酒席，只约最熟悉的朋友，或者一个人吃。

那大概是一段有恃无恐的日子。手上有闲钱，又有较低的体重打底，无拘无束，无惧无怕。是嘛，食色，性也。满足了最朴素的欲望，才能在更高级的追求上走得更远。

直到后来，我胖了。

正好夏天到了，我每天都在目睹自己的膨胀。腮边厚厚的肉不争气地挤成一团，手臂也变得圆滚滚，胃口变得很大，声音变粗，做事生猛，脾气暴躁，皮肤上沾满汗水。大概木心所讲的“人可貌相”是真的，身体膨胀，性格也在肥腻的横肉之间乱作一团。

跑步群里，每个人都在拼命地和肥胖的自己撕裂，用调侃的语气提及过去，与消失的肥肉保持距离，甚至狂欢般聊起曾经的难堪，极尽夸张，因为过去越是丑陋，越印证如今的蜕变有多艰辛。他们是扛着噬人的饥饿，脚踩玻璃碴儿鲜血淋漓走到今天的，似乎这才是勇士的最高境界。

不是每一场旅行都有意义

国庆这几天，大概每个人的朋友圈都在举行旅游摄影大赛。

从前别人问我“爱不爱旅行”，我根本不好意思摇头。似乎拒绝旅行，就意味着拒绝新鲜事物，拒绝探索，视野狭隘，不热爱生活。

我永远记得高一那年第一次独自出门。做功课查路线，在火车上看稻田与星星，与当地人交流，在青旅结交驴友，差点被摩的司机抢钱，走走停停拍照片……跟大多旅行者的经历相差无几，但对我自己来说，它弥足珍贵。

不过人生很多经历，体验过一次足矣。

不是唯有让身体游荡在路上，才能体会世之奇伟瑰怪非常之观。

我不想浪费时间在订机票搞签证查攻略上，它的确能锻炼人的“统筹规划能力”，但再三反复就沦为枯燥的机械运动；我不想体会“人潮人海中，有你有我，相遇相拥相互折磨”的感觉，甘愿视野拥挤，呼吸局促，就为看一眼传说中的景色；我不想自欺欺人，即使书本中的风景终于离我咫尺之近，我触摸到古刹古寺，抵达教堂与斗兽场，心潮澎湃也并不能如期而至。与其傻傻地望它们一眼内心却空洞无物，我更想认真看些纪录片，了解它们的前世今生。

我不想用九张照片填满朋友圈，无视旅途的疲惫与窘迫，把所有快乐浓缩在查看朋友们点赞的一瞬间；我不想把结交来自五湖四海的朋友视为骄傲，在路上认识柬埔寨大叔土耳其小哥西班牙妹子，好像很酷炫，可是在学校的北欧社团玩一圈，也能认识不少“歪果仁”；我不想将旅途赋予无端的意义，让一滴感动的眼泪泛滥成灾难的雪球，不过是在陌生的地方走了一遭，谈何征服。

走一趟海明威故居便能“逐渐理解海明威，体验着他喝着朗姆酒，抽着雪茄，酝酿着巨著拿诺奖的感觉”？看一眼名画真迹，就是“和拉斐尔展开穿越时空的对话”？站在旁边偷拍一下站岗的士兵，就是“一睹传奇的瑞士卫队风采”？

我有很多朋友都喜欢旅行。有个姑娘穷游尼泊尔印度越南，只有在折腾和疲惫中才能获取人生养料；有个摄影师从南方驱车来到我的家乡荣成天鹅湖，连续一个星期凌晨四点起床，就为了拍一张完美的晨曦中的天鹅的照片；有个朋友喜欢在黄金周到处走一走挤一挤，人多也不怕，他说：“哪怕我出去什么也看不到，单单完成旅游这个动作，就比上班开心。假期不旅游叫什么假期？”

我很羡慕他们，旅行形式千差万别，他们各得其乐。但旅行并不会让我快乐。我不会跟风混迹在他们的队伍里，自欺欺人地给自己戴一顶花哨的帽子。

不喜欢旅行，不意味着我一直死宅在家。最近两年，要么见朋友，要么出差，也去过不少地方。美好的旅途并非刻意寻找而来，而是冥冥之中的缘分。而后回忆起跟某个城市的际遇，想起的不是如流水般的走马观花，而是有温柔内核的人与事，情与物。

有一天和一个朋友聊天，谈到西方政治，他突然说：“你都没去过美国，我跟你有什么好说的？”我突然凌乱了。那些历史学家都没有机会穿越时空去实地考察，依然通过史料记载与逻辑推测写出皇皇巨著。马克斯·韦伯还写过《儒教与道教》呢，很多见解非常深刻，他也没来过中国。

深刻丈量一片土地的方式，从来就不仅限于双脚。

愿你与自己温柔相待

怎样才是爱自己？

爱自己，就是不因恶劣的环境而自暴自弃，不用别人的错误惩罚自己。不要因为手中有一副烂牌，就向命运撒泼赌气，颓废到底。

讲个好朋友的故事。

念小学时，有段时间他父母一直吵架，家中硝烟弥漫，他躲在房间里，在尖锐的争吵中惊吓得连笔都握不好。那时候他趴在桌上，内心戏是这样的："看，都是你们让我没办法好好学习，我就颓废给你们看，让你们后悔。"

后来成绩退步到九霄云外，父母拿着期末成绩单只会揍他，再怎么暗示，他们都不承认是自己的错。

朋友说，成年之后经历一系列波折，才发现当年的自己很幼稚。

这绝不是个例，不少人童年时选择自我放纵，都是跟家庭环境噘嘴赌气的结果。

我们又不是待在保鲜恒温冰箱里的密封罐头，出来混，总得经历些雨雪风霜。

每个人都希望老老实实锄地耕耘，种豆得豆。但这个真实的世界扭曲得要命，你分到的庄稼种子可能浸了水，有时天逢大旱让你的土地寸草不生，还有蝗灾、暴雨、泥石流……随时都能让你的成果付诸东流。然后你怎么办？愤然丢下锄头跟老天赌气吗？

“老子不干了。你不是要饿死我吗？那就来吧！”

命运才不是吃硬不吃软的家伙。你再执拗下去，就真的会饿死。

慢慢你会发现，每一个失魂落魄最终跌落到谷底的人，都有一个命运的诱因。少年囚犯们几乎都有一个凄惨的童年；大学里打网游挂科被劝退的年轻人，只是被迫听父母之命选了不喜欢的专业，然后开始了浑浑噩噩；有人遭遇突如其来的失恋打击，天天赖在床上蓬头垢面，感叹遇人不淑，最后损耗的也只有自己。

我知道，很多人只是委屈。“这些都不是我的错，怪我咯？”但抽到一副人生的烂牌，你赌气把牌打得更烂，最后只能自己承担后果。

有些苦难的来临，跟个人选择构成了层层因果，比如烟瘾很大的人得肺癌的概率必然更高，当疾病来临，由不得他们怨天尤人。但还有些苦难会猝不及防地向你袭来，好不容易拿到梦寐以求的offer，却遭遇严重车祸无法到岗；辛劳一年终于拿到丰厚的报酬，却眨眼间被小偷卷走……

亲爱的，正因为人生没有写好的脚本，才充满令人咋舌的荒诞。这不是老天对你的惩罚，更不是你的错，只是生活充满了黑色幽默。

王菲在《人间》里唱，“但愿你的眼睛，只看得到笑容。但愿你流下每一滴泪，都让人感动。但愿你以后每一个梦，不会一场空。”但这岂会成真呢？我们都知道，“愿你被世界温柔相待”只是一句美好的祝愿。

正因如此，你更应该温柔地爱自己。不讲道理的命运可以把你打得遍体鳞伤，然后潇洒地逃之夭夭。你要爱自己，对自己负责，而不是瘫在角落，任伤口流血。不要把无端的委屈发泄在自己身上，不要做命运的帮凶，不要沿着惯性持续下行，去挑战生命的底线。

来吧，我什么都不怕

临近毕业，不少学长学姐找我咨询租房事宜，问我有哪些坑需要规避。我长叹一口气，想起自己当初茫然四顾找房的辛酸苦楚，一股脑儿跟他们讲了一堆经验，比如网站上99%的中介房源都是不靠谱的，空调一定要多开十分钟检查一下功能……学长大吃一惊，说："你好好一纯情少女，怎么突然变成了老司机。"我翻个白眼，说："这就是生活啊。"

我从大一开始在纸媒实习，到处跑采访，后来工作量逐渐增多，顺理成章搬出来住。

独居有自由，也有孤独。可以横行霸道，把零食丢得到处都是，可以有全然不受干扰的空间做事，可以锻炼出十八般武艺在世上独立生存，然而也像小津安二郎所说：“一个人生活，觉得日子都变长了。”

理解了很多独居朋友时常抱怨的孤独。特别是当夜幕降临，你一个人听着不远处的广场舞音乐，听着邻居家的电视背景音，会突然感觉自己是全世界的弃儿，只能低头刷朋友圈，在和朋友的互动中寻找微弱的存在感。

有次跪在地上拼装从网上买来的家具，找来螺丝刀、扳手等一大堆工具，看着说明书钻研很久，折腾一个小时终于搞定。放下工具那一刻，特别想跟一个人击掌，但看着四周沉默的墙壁，只好悻悻地放下手。

也会有失落，比如刚在外面和朋友话别，刚离开了一场聚会，一个人慢慢地爬上楼，踢掉高跟鞋，在黑暗中摸索着开灯，发现家里安静得有些凄惶。

看了一个学姐的朋友圈：“毕业独居后生活突然变得很具体很琐碎。开始思忖水电费，跟人谈及房租价格，想上班穿什么样的衣服得体，该请哪家公司的保洁阿姨来打扫卫生。”她说，这是要成为家庭主妇的节奏。

想起有天我兴致大发想做菜，于是去了菜市场，第一次学着我妈的样子，结账时轻描淡写地让摊主抹去零头，而且让他们送一根葱。这么做也不为省钱，只觉得踏进菜场，一切就都成了本能。提着菜，感受它们勒紧手指的重量，看着黄昏滴落在行人的肩膀上，闻着炊烟，心里百感交集，似乎市井生活从那一天才真正开始。

在大学里虽然也有着名义上的独立，但始终是活在保护伞下的。没有房租，没有机关算尽，没有复杂的人际关系。哪怕你在实习、在创业，在围绕着世界随便浪，时间挥霍了又怎样呢，只要还是学生，就是不慌不忙内心笃定的，世界都还是游乐场。

毕业后就不一样了吧，终于要一个人赤膊上阵，走上疆场。

慢慢也理解了，为什么很多人说，继续读书是一件特别幸运的事，要好好享受最后在学校读书的时光。

一个人生活之后，也开始学会跟器物相处。上个月花了四位数买了日本制的钛杯，说不清理由，只是觉得多了一个陪伴。每天用它喝水，就像多了个老朋友。会去买花，买了很多靠枕，买乱七八糟的小玩意，从前一掠而过的事物，现在都在心上有了投影。

我的朋友飞哥养了一只宠物猫，天天在朋友圈晒小视频乐此不疲。猫每天早上会爬到他肚子上把他弄醒，他写稿时会爬到电脑屏幕边，瞪着一双无辜的眼睛看他。虽然有时会把新买的玩具弄得乱七八糟，不过有陪伴的日子总归不赖。

有时也会想，是不是找个男朋友会好一些。但对自己要求高了之后，对另一半的期许也会提高，自己也清楚，想找的他一定还在远方。现在能做的，只是像打磨器物一样，让时光把我打磨得更好。

到最后，我们总是要做那个“不动声色的大人”。

总有一天，那些孤单和落寞会成为我们的勋章。我们抖落肩上的尘土，无视脸上的结痂，生猛地跟生活嬉笑说：“来吧，我什么都不怕。”

今 天 以 后 ， 人 生 无 数 可 能

两年半后，浑然不觉中，我用了另一种方式向他致敬。
站在他坐过的台阶上，夏日夜晚微风缭绕，突然觉得现实太美好了。

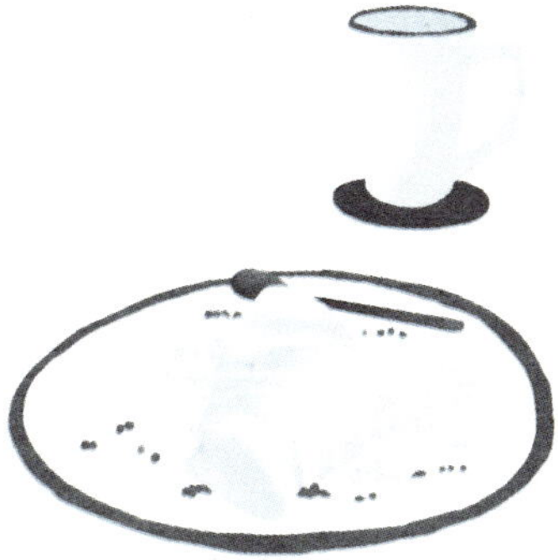

Chapter 3

现实可以有多美好

现实
可以有多美好

暑假没急着回家，留在学校写稿子。

天气很热，头顶被晒得发毛，我急匆匆往光华楼走，想赶紧钻进教室里吹空调。

突然抬头，发现一个男的坐在旁边台阶上，头埋在腿上，这本来没什么起眼的，关键是他右腿在流血。

包里正好有前几天没用完的创可贴，我就走过去递给他，又递了一张湿巾。看他额头上全是汗，嘴唇也干，我赶紧跑到光华楼里的自动售货机前买一瓶冰水给他。

他看上去挺朴实的，身上的黑衬衫湿透了，指甲里还黑油油的，估计是从外地跑来的游客吧。我把水递给他，他推托几下，不好意思要，后来一个劲儿跟我说谢谢。我反而脸红了，这又不是什么生死攸关的大事，不过举手之劳。

喝了一口水，他说来上海旅游就来复旦看看，走路没注意被自行车划伤了。本来没感觉，多走几步才发现流了很多血，准备休息下再坐公交车回宾馆。

我笑笑，然后沉默。估计被太阳晒晕了，不知应该再跟这个陌生人说些什么。

他两三口把水喝光，执意要留电话给我，说他姓鲍，要是去济南玩一定找他。

我这才注意到他满口山东味儿的普通话，看来是半个老乡。

我没要他电话，只告诉他我也是山东人，就当这是缘分吧。

和他告别，去光华楼自修教室，把这事抛在脑后。

直到晚上从楼里出来，经过白天他坐过的台阶，突然想起一件事情。

那个瞬间，我呆立在那儿，几乎热泪盈眶。

太巧了，两年半前帮过我的人就是他。

两年半前，大概过元宵节的时候，我去济南参加复旦自主招生考试。考完了没底儿，很多题目连蒙带猜，觉得几个月的努力又白费。一个人垂头丧气从考场出来，发现回家的航班取消了，卧票也卖光了，只好坐一晚上硬座回荣成，赶回学校月考。

心情糟透了。

那是我第一次坐老式绿皮火车，发现车厢跟文学作品里的描述一模一样——空气混浊，气味刺鼻，吵闹无比，到处是赤脚抽烟打牌的年轻人和开大音量听收音机的老人。

正赶上来大姨妈痛经，我趴在桌上冒汗，实在不知道这一晚怎么熬过去。

过了一会儿我被对面的人推醒，他问我："小妹，你咋啦？"

我捂着肚子摇头，没说话。

他也没说话，从包里掏出一个很大的保温杯，然后拿卫生纸把大杯盖的边缘擦了好几遍，又把热水倒进杯盖里递给我。

"我擦过了，不脏。"

我接过来，差点掉泪。喝完了他又给我倒了一杯。

果然没那么疼了。

我跟他说谢谢，也没打算再说话，又把头埋在桌子上，打算用这个姿势艰难入睡。他大概在对面翻找什么，我也没抬眼看。

过了一会儿他又把我摇醒，他用两个行李袋加上座椅搭了一张床，示意我躺上去。

"你睡在这儿吧。"

我太不好意思了，又不想辜负他的好意，就搂着我的包，到对面睡过去了。

他坐在我的椅子上，靠着椅背，双手抱胸，闭着眼睛。

有生以来唯一一次，躺在陌生人用编织袋帮我搭的床上，那一晚睡得好安稳。

那时候年少不更事，也没有想着跟他要联系方式。醒来后我只是跟他道谢，有个瞬间甚至想打开钱包给他一些钱。

他说，小姑娘一个人出门不容易。

一路上我们都没聊天，他只告诉我他姓鲍，在一个饭店打工，我告诉他我去济南考试，仅此而已。

两年多过去，从冬天的大棉袄变成夏天的汗衫，我已经记不起他的样子。但是记得他的济南口音，记得他姓鲍。

一定是他。

虽然遗憾没有当场认出他，没能有机会请他吃顿饭，但是我知道，善良的人之间一定有特定的磁场。

两年半后，浑然不觉中，我用了另一种方式向他致敬。

站在他坐过的台阶上，夏日夜晚微风缭绕，突然觉得现实太美好了。

愿匆匆过客，终成归人。

这些有趣的人，路过我的生命

/ 1 /

和朋友吃烤肉。

大嚼到一半，朋友说："过来，给你看段搞笑视频。"结果我们俩拧在一起笑成麻花，再也没理铁架上的五花肉，任它寂寞地吱吱作响。

系着红围裙的服务员小哥跑过来说："肉都快煳了，它太可怜了，你们先忙着笑，没事儿，我帮你们烤。"

我们点点头，又忙着龇牙咧嘴笑去了。

视频看完了，我们也饿了，两人瞪着鸡蛋大的眼睛吸溜着口水，看小哥把肉剪成小块。

“我新来的，你们别盯着看，我有点紧张。”小哥很诚实。

剪完肉，小哥咽了咽口水，说：“那个，我能帮你们尝一块吗？”

我傻眼了，这餐厅真周到，还有帮顾客提前验毒的服务。

小哥夹一块肉放到嘴边，又惊恐地转头，刚张口，再次转头，往身后看了八次确信没人看到，才安心把肉放进嘴里。

我俩终于明白了，他是饿了。

“你就坐对面和我们一起吃吧，我跟你们老板打个招呼。”朋友说。

“不不不，我有职业操守的！”

小哥离开，又跑到对面一桌，边吸溜口水边帮客人烤肉。

/ 2 /

大学里有个老师，最大的乐趣是喝酒。酒酣情至，逸兴遄飞，就开始死不讲理。

陪他吃饭，又开心又头疼。他读书多，见识广，胸中盛着祖国大好河山，聊天不停抖包袱，全程无尿点。

但一旦他闷上一口小酒就性情大变，不但灌得我们一群小辈和他一起宿醉，还擅玩“壁咚”。拎着酒瓶把你推到墙角，摇头晃脑讲一通人生大道理，听他喷一会儿酒气，你就醉了。

有天 KTV 聚会，有几个他的旧友，还有我们几个小朋友。

其中一个满头白发的爷爷辈在唱歌，抒情，陶醉，飘飘然，踮脚欲飞，羽化登仙。

他把我们几个小朋友叫过来，说要给我们授一堂生动的人生哲理课。

他咕咚灌一口黄酒，肃然起身，指着唱歌的爷爷说："你们看，白发苍苍的老爷爷看似在唱歌，其实，他是在歌颂生命，在恐惧死亡，在表达对人间最后一丝弥留与不舍啊！"

我们面面相觑。

歌声戛然而止。老爷爷扔下话筒，青筋暴露，面红如炭火，抢过他的酒杯，认认真真地摔碎——"你给我滚！"

/ 3 /

感觉电线杆上所有寻人启事，还有治皮肤病的小广告都是一夜之间凭空出现的，然后整天日晒风吹，随大自然一起新陈代谢，是个特别神奇的存在。

直到早上出门晨跑，看到一个穿西装的男人拿一沓单子站在墙前面，神情凝重。

他拿着像灭蚊剂一样特制的胶喷在墙上，啪一声，广告贴好。

然后一动不动盯着广告，不舍得挪步，很久后才走远。

我停下，暗暗发愣，这种情景是不该发生在光天化日之下的。

我好奇。走近看，是寻妻启事，他二十多岁的妻子失踪。照片上，她明眸善睐，穿花裙子，少女范儿。

这样的面孔只适合出现在朋友圈的磨皮自拍上，贴在这儿我都替她尴尬。

唉。

过了将近一个月，我在上海另外一个区，又遇到这个穿西装的男人。

初冬深夜，我饥肠辘辘，下楼买麻辣烫吃。

发现他拿着小铲子在电线杆上刮来刮去，噪声尖锐。

曾经一张张贴上去的启事，又一点点撕下来，一张好看的脸皮开肉绽。

这是我不曾见过的。

揭到一半，他突然哭了。小臂靠在电线杆上，头枕上去，上身侧倚，肩膀一起一伏。

大概照片上的妻子已经不在身边了吧。所以花时间一点点撕下，省得以后在漫长的时间里频繁撞见，触景生情。

/ 4 /

S 小姐有一点强迫症。

她特别喜欢把物品用光后把空瓶子和包装纸丢掉的感觉。

或者简单点说，她喜欢丢垃圾。

为了重复体验快感，所有快消品她都买最小的型号。

矿泉水买最小瓶，香水恨不得全买试用装，看完的书记完笔记全送人，每天在家一定要制造一袋垃圾，系紧，丢掉。

看着护肤品见底，她才有种日月之精华都敷在脸上的感觉。所有身外之物都转化成垃圾，最终消解不见的瞬间是她最爽的时刻，全身舒展，如脚踩云朵，细雨成绵。

所以和囤物癖恰好相反，S 小姐的家，空旷得像一座大厂房。

我突发奇想，问 S 小姐，这样的癖好会不会被带到感情生活里？

S 小姐笑嘻嘻。

“有一段时间经常换男朋友。我会在短时间内发现他们的优点，然后就算是‘用完了’，甩掉。”

/ 5 /

在南京东路地铁站，刚坐上去没多久，听到车头那边有个小朋友大叫：“都让开，警察叔叔抓小偷啦！”那时还没关门，站着的乘客赶紧靠边，为仗义行侠者让出一条绿色通道。今天母亲节，正好有小哥挑着两扁担干花乘地铁，不巧还被打翻了。

小偷跑到我面前刚好被抓到了，还是个姑娘，黑直发，清秀漂亮。她被男子勾住脖子，嘟囔着：“你弄疼我了。”抓贼的大哥听了，果真力小了点。地铁门还没关，大哥把她拖下去，外边还有两个哥们儿接应，带着姑娘消失在人海之中。

关门了，大家心有余悸，窃窃私语：“好像是遇到便衣警察了”“真长见识……”

地铁呼啸而过，大家又默不作声，继续玩手机、发呆，似乎什么都没发生过。

真的什么都没发生过吗？

不，对那个挑扁担卖花的小哥来说，这是倒霉的一天。

他蹲下身，一手拿着喝了一半的可乐罐，一手把踢翻一地的花束整理好，委屈地站在一边。随后有姑娘瞧上他的花，问他怎么卖。

“三十五！”

“三十行吗？”

“我们平时都卖三十五！”

“所以今天卖三十呀。”姑娘天真地望着他。

“今天母亲节没涨价就不错了！你想什么呢你！”小哥捏紧可乐

罐瞪圆眼睛吼她，表情夸张，面部有些抽搐，像小孩儿一样发泄刚才的委屈。

姑娘想了想，还是掏钱买了，而且买了一束我认为最难看的红配紫。

旁边看热闹的裤衩大哥说：“这干花多假，也不香，图什么啊？”

姑娘不理他，拿着花哼着歌走了。

到四川北路站，小哥扛着扁担下车。结果一步没踩稳，一个趔趄倒在那儿，花又撒了一地。

“哈哈哈哈……”裤衩大哥看着，在车厢里发出杠铃一般的笑声。

大家齐抬头看他，他赶紧捂嘴低头。

地铁又呼啸而过，似乎什么都没发生过。

人生
总要做一些
跟钱无关的事

朋友老范有天突然告诉我，他要辞掉工作去德国继续念哲学，未来如他所说："大概是个清贫乐道的教书先生。"

他家境很好，工作本身也薪水优渥。爱玩，爱钱，爱姑娘，整夜混迹在新天地附近，华灯美酒，鲜衣怒马，时不时花几千块钱开酒包卡座，经常感慨"钱是好东西"。

"以后这种生活就没有了吧，谁会喜欢一个穷酸书生。"他自嘲。家里不支持他出国，父亲发誓不给他提供一分钱的经济来源。

再见他是半年后，他从德国回来，告诉我："最大的收获，是学会了如何省钱和打工。”

“中午学校很多讲座有免费的三明治，我还学会了用省钱大神器 Qipu，而且我都会做饭了，买便宜面粉自己摊饼，一次摊三斤放冰箱里……”

想到他之前为博美人一笑一掷千金，到现在背着破旧双肩包待在图书馆，觉得人生真是玄妙。

对他来说，钱还是挺重要的，他并没有从此视金钱如粪土超凡脱俗。除了上课，他依然要抽时间疯狂打工，努力过更好的物质生活。只是他太爱哲学，为了学术理想，心甘情愿退到更小的物质格局里，把生活品质降低一点，把物质欲望缩减一些。

“虽然未来是穷书生，但还是要在能力范围内，努力赚钱泡姑娘啊。”他说。

他还是爱钱，但他有比钱更爱的东西。

想起我大学时认识的一个英语老师，之前在某四大做到 SM 级别，后来实在厌倦那种生活，就放弃高薪重新回到大学里。

她也没从此远离人间烟火。除了在大学教书，她也去其他培训机构讲课，为了多给孩子赚几袋奶粉钱。钱还是很重要，没钱谈何生存。只是为了守在喜欢的象牙塔，她宁愿多辛劳一分。

我也觉得钱挺有用。钱让我不必为蝇头小利面目狰狞，能让我舍得经常买机票回家陪亲人，能让我不必为了索求温饱而做枯燥无味的工作，能让我姿态更舒展地生活。这些也都是老生常谈。

但如果把钱看得太重要，你会受它支配，以它为导向去做选择，你还是得跪下小心翼翼地供奉它，穷形尽相。不论你有多少钱，你还是像焦虑而势利的肥苍蝇活在小匣子里，还不如精瘦的跳蚤，纵情蹦跶于天地间。

这真不是鸡汤。

其实有些时候，格局大小无关金钱多寡，只关乎你对钱的态度。很多人谈“只有有钱才有独立人格”，这只是你的格局，怎能以此包罗天下人?

世界哪儿有那么简单，一个层面的价值观怎能甩袖子大摇大摆跑通四方。

我认识不少闷头做学术的学者，他们是不问世事目不窥园的典范。穷极一生，只担心死亡大限到来之时，没有给学术围城多增添一砖一瓦，担忧夕死之时朝未闻道。

高二时我在暑期参加立人大学，也因此接触了太多驻守在乡村图书馆的义工，他们大多一流大学毕业，却暂时放弃好工作，去乡下带领当地学生读各种通识读本。有人说：“钱随时可以赚，但这些孩子读书的好时光只有这几年，他们需要我。”

念大学后，我又认识了数不清的支教老师和民间 NGO 工作人员，他们四处忙碌奔走，做的事大多跟钱无关。

他们眼里有光。

在他们的世界里，钱好像没有多重要，他们没钱，也没失去什么独立人格。

有天晚上，朋友拉我谈生意，不知怎么我突然讲了这些人的故事。朋友边剔牙边笑着说：“他们哪儿是不想赚钱，只是暂时能力差资历浅赚不了钱，只能靠这些事填补自己的满足感。”

我哑口无言，无力辩驳。

很多人说现在是“笑贫不笑娼”的时代，也有人提到“舆论正在围剿底层”，赚钱快要成为一种碾压一切的天然正义。

点开那些微信大号，标题一水儿是这样的：

“去赚钱吧，像一无所有那样。”

“想要独立，一定要有钱。”

“二十几岁的女生该干吗？赚钱。”

赤裸直白，一针见血。而很多人给自己锁定这样的价值观后，还企图拿它去挟持旁人。

有人说没钱时谈自尊谈理想是矫情，有钱才有勇气与底气。没钱，人格就会失去独立性，像刀俎下的鱼肉，任由残酷的社会宰割。

这虽然太武断，但的确，除了那些凌空高蹈之人，我们这些俗人需要钱来支撑自我，让理想在世俗压力下免于夭折。把钱看得重要是理所应当。但我真的希望能在兵荒马乱之余留白一痕，除了赚钱，也给别的东西留点位置，别让人生有遗憾。

有段时间我暂时放下其他赚钱的工作，来回奔波辗转调查几个月，梳理一件事的来龙去脉，只为写一篇长报道。也会瞻前顾后，思虑这样做到底值不值得。那时翻到一段话，好像是几年前冯唐评价苗炜的："在如此积极向上的时代里，如此兵荒马乱的心田中，如此俗务繁忙的一个人，还能一个字一个字写完一本注定不会挣大钱的小说。"

突然被这段话打动。

我相信每个人一生都会遇到一位客人，在大雪天叩响你的门。他或许打扮得并不体面，衣衫单薄，手脚生满冻疮，在寒风簌簌下颇为狼狈。但请你一定把他请进门，客客气气招待他，带他烤火御寒，别因为"你要赚钱"就冷落了他。

这个不请自来的客人，或许就是你未曾察觉的使命，遗留在远方的梦想。

就像老范和我英语老师那样，当你终于找到了毕生热爱的事，你也会勇敢放下眼前的物质，远走他方。

人一生，一定要在马不停蹄奔赴这俗世烟火之余，留几尺空隙，倒行逆施，诚心正意，做一些跟钱无关的事。而那时，你抬头不经意看着高垂夜空的月亮，会突然觉得，钱不是那么重要了。

我们
都在寻找
自己的观众

/ 1 /

给章扬发微信说，想和他聊聊，写一写他。他爽快答应："没准儿就把我写红了呢。"

我在浙江卫视一档创业演讲类节目认识他，我跟他一起坐在场上，听企业家演讲，然后提问互动。第一次见，他伸出右手，略翘兰花指朝我晃了晃，夸张地拖长音调说："和哎（Hi）——"

他向嘉宾提了一个问题，说这几年来参加大大小小很多个节目，但是一直没有红，微博粉丝还是千八百个。他梦想在圈里当个主持人，到底该不该继续追梦？

嘉宾在台上说：“我现在就能把你签了。”他当场兴奋得不行。等录影完他去贵宾休息室找嘉宾，对方不见踪影。

过了小半年，我去安徽卫视录一个半脱口秀节目，上台的时候才发现又有他。“和哎（Hi）——”我们坐在舞台两边，隔着老远，他又伸出手朝我晃。其实私下里他是个很硬气的直男，只是骨子里戏剧性的一部分常常不自觉地冒出来。

我同样翘着兰花指回应他。那时候观众已经全部到位了，我听到人群中发出嘁的声音。像一把破碎的瓜子壳，还带着唾液，准确无误地抛到舞台上。我跟他一样，不怎么在乎。

节目嘉宾是三个“学霸”配三个“学渣”。他在那边插科打诨扮丑掉节操来热场子，衬托学霸的乖巧伶俐。“我就是个小丑。”他老把这句话挂在嘴边。

几年前他考上同济大学政治学的研究生，又加入了辩论队。《天天向上》编导去学校里找会说话的人，发现了语速奇快反应敏捷的他。

到现在他参加了数不清的节目，有时候一天晚上换两个台，发现形态各异的他在电视上蹦来蹦去。如果你经常看综艺节目，大概很多次免不了惊呼：“How old are you？（怎么老是你！）”活跃在电视上的就那么一些人。

通告艺人是台湾舶来的词，他们经常上电视，却也不是明星，大多没有经纪公司，不唱歌、不演戏，没有代表作，大多把综艺节目作为事业的台阶。

他上个月刚辞职，全身心投入综艺圈，不放过任何一个节目。2016 年有将近 400 档真人秀，是 2015 年的两倍。按时间计算的话，你要不眠不休看 10 个月，才能把节目全部看完。大部分素人综艺节目“缺人”是常态，编导们要从各个渠道挖掘他们要找的人。

他参加过第一季《奇葩说》，那是离他梦想最近的地方。那时候他咬牙辞了工作，专门去北京面试，和形态各异的选手打辩论磨嘴皮子。道士、爆乳网红、小鲜肉……什么人都有，他闷着头进了 60 强。终于挨到和蔡康永、高晓松、马东见面，使出看家本领跟他们聊了四十分钟。他如愿进了 18 强，却第一个被淘汰。赛后录淘汰感言，他崩溃大哭，眼泪止不住地流，少见的情绪失控。

大部分时候正如他所说，在舞台上不是自信，是自贱。上一个求职类节目，章扬自曝之前换了十份工作，一个老板质疑他：“一个女人被十个男人上过都没有怀孕，是谁的问题？”章扬说：“是避孕套的问题。”老板无语。

章扬很清楚编导们的核心诉求，不少节目中他的功能就是“撕×”，他豁得出去。他必须扒掉最真实的自己，把自己标签化，把自己暴露在最极端的地方吸引眼球。真人秀也是要演的。假使他身上只有百分之三十的撕 × 劲儿，但编导要他达到百分之百的极端状，他就要上。

不少人觉得他这样的综艺咖挺 low 的，没内涵、没才华，其实这行真的需要技术。要豁得出去，也要有分寸，不抢主持人风头。总之我做不到，我豁不出去。

和我聊天时，他又翘起兰花指，聊一些恶搞的原创段子。这时服务员来倒茶，他把贱贱的小虎牙迅速收敛，一本正经地说："谢谢你。"

就像作者一样，其实一些人热爱的不是"写作"，而是被读者喜欢的成就感，是作品带给他的附加价值，"写作"只是追逐名利的跳板。电视这行，这样的人更是大有人在。所以我问了他一个问题："假如给你一个地方卫视的工作机会，让你每天站在舞台上主持，但是永远也不会被很多人关注，说白了就是红不了，你愿意吗？"

"在哪儿？我明天就签约！"

没想到他嘴巴里憋着特别真诚的一股劲儿，一股气流差点把我顶到天花板上。"我就是喜欢舞台啊，站在台上说话我才能活起来。你要说红，哈哈，我都不信我这么丑的人真会红，红是属于长得好看的人的。长得好看就是最大的优势，我没有，就要另谋出路了。"

"不考虑去整整？"我话锋一转，跟他开玩笑。

"我现在的相貌是 20 分，最多只能整成 60 分，有什么意义呢？"他掏出手机，靠着屏幕反光来端详自己。

/ 2 /

章扬口中那些“长得好看的人”上一次节目能圈几万粉，发一条微博能得几千个赞，人气直逼三线明星。他们大多颜值高、学历高，不少编导喜欢从高校里挖青春正好的学生。

章扬的话让我想到段超。他是同济大学土木工程专业的博士，在《一站到底》把我 PK 掉，站到最后，一夜之间粉丝涨了将近一万。他长得真的帅，在台上我忍不住委婉地花痴了一番，结果第二天网上的新闻全是“曲玮玮和段超在一起了吗”。

我想得倒美。

节目播出很久之后的一个深夜，我们有过一次长谈。他只参加过两次节目，CCTV-6 的《电影新青年》和江苏卫视《一站到底》，却已经上了新浪热搜榜，这是很多综艺咖梦寐以求的。之后有相亲类、唱歌类、答题类节目编导找到他，他都回绝了。“作为普通人，上一两次电视就够了嘛，又不为了红。”

粉丝的增加没为他带来什么直接效益，没有改变他的生活，未来他还是要进土木这一行。这就是吊诡之处，章扬那么拼的人从电视上走下来后鲜有人问津，但相对低调的段超发在微博上的私生活照片被很多观众点赞，越用力反而适得其反。

因为这个时代还有一个词叫“主流价值观”，不，是本性使然，我们更愿意关注长得好看的正能量的阳光偶像。

在段超和章扬之间，存在着另一种人，专门靠上通告节目生存。比如活在我朋友圈里的一个叫小美的姑娘，就是靠节目来维持生活。欧式双眼皮、尖眼角、膨体高鼻梁、尖下巴、高额头、嘟嘟唇……她的五官集合了当下所有流行的单品，像个精品杂货铺。“说实话我不喜欢搞这么夸张，但看电视的那些直男喜欢。”小美说。

忘了是怎么认识她的，突然有一天朋友圈里就多了一个每天发鸡汤和自拍，或者“今天的我你爱搭不理，明天……多云转晴”之类的段子的姑娘。为了写这篇稿子，我说想和她聊聊。

“想问什么就问吧，记得匿名！”她很爽快。

她给自己设计了一套“很讨编导喜欢”的个人经历——初一时跟青梅竹马的小男友谈恋爱，小小年纪私订终身。高三时男友下雨天为了给她买鸡排出车祸意外去世。她的世界崩溃，高考失利，从此混迹于夜店，跟各种男人交往，但再也没有爱的能力。

她在各种节目里让各种男人神魂颠倒。她像一只溺过水的梅花鹿，眼睛里藏着一丝惊魂甫定，一丝深潭般的绝望，让人怜惜。靠这些节目，她不需要找一份安定的工作就能养活自己，新开的淘宝店也开始盈利。

章扬没有计较过“车马费”，很多次录节目他甚至倒贴旷工费。在他看来，如果跟这个舞台计较钱，就是对梦想的亵渎。而对小美来说，舞台只是她谋生的手段之一。

但这些都是扎扎实实的生活。

/ 3 /

机缘巧合我也参加过几次真人秀，只因为止不住好奇心。

第一次录节目，答题类的，满眼所见皆是新鲜。原来制作节目的编导们全是满口蹦出网络热词儿的“90后”，原来录一场节目要暂停休息那么多次，原来观众都是花钱成批运来的，连鼓掌都是提前录好的，暖场导演为了调动气氛每次都要累个半死。

那时候感冒了，嗓子冒烟，站在台上觉得四周全是鼻涕泡，怎么都站不稳。看着各个机位上的摄影机，天花板上的灯光，大屏幕上粗糙的像素，有一种强烈的眩晕感。

“《白蛇传》中白蛇为救许仙引来大水淹没了哪座寺庙？”

太紧张，大脑竟然一片空白，3、2、1，时间到……潦草讲了几句“重在参与”的感言后，我把鞋子递给编导，尖叫着掉了下去。海绵很厚，但失重感很强。

录完节目几个选手在宾馆抱着枕头通宵聊天，狂飙八卦，有人是老咖，前一天随便挑个身份去相亲节目，第二天换身行头在情感节目里演小三。我第一次知道三亚海天盛筵有那么多种无节操的玩法；原来在这个圈子里，打玻尿酸就像下班随便做个SPA一样平常……

体验多了，也会觉得世界亦真亦假，很迷幻。有次要录选手们入场前聊天的镜头，摄像大哥说：“来，你们坐在那儿聊聊天，笑得开心点。”有个姑娘马上咧开嘴，笑着跟我分享她的宠物萨摩耶。“好了，拍完了。”摄影大哥摆手，姑娘神速收起笑脸，哼一声，一脸不耐烦地抓起手机离开，留下我在原地凌乱。

综艺节目浮躁吗？浮躁。他们要找能制造话题的吸引眼球的人，不停向观众抛出爆点，不然你根本不会看下去。但浮躁的背后，也有可敬的匠心。《一站到底》的制片人告诉我，选手答题时的节奏他们要一帧帧重新调试，比如为了节目效果，把 0.5 秒的思考时间延长到 1 秒，我们在电视上看到的每个镜头都是幕后团队昼夜赶工精心做出来的。

比如录《超级演说家》的时候，上台只做五分钟的演讲，做头发和化妆要花三个小时，服装换了四次，反复录制赛前采访，拍赛前花絮时，我对着镜头把衣领整理了十五遍，绕着湖边走了七圈，竖起 V 字手势二十一次……换了六个场地拍摄，实习编导形影不离地跟着我，帮我递水拿饭换衣服。还录过一个节目叫《学霸是怎样炼成的》，录影前和编导沟通台本，发现她看过我在网上所有的资料，包括我的微博、知乎、我之前上过的节目……

第二次去《一站到底》，台上大家为了节目效果互掐互撕互放狠话，比如有个长得像范冰冰和戚薇结合体的姑娘直接跟我说“建议你有时间赶紧提升一下颜值”，我顿时石化。录完节目大家勾肩搭背去吃小龙虾，分享各自日常，有人是公务员，有人做微商创业，有人是搞科研的博士……都是普通人，在生活中摸爬滚打，和小龙虾一样真实憨爽，偶尔过一次上电视的瘾。

对于我来说，参加节目更像走进游乐场，带着紧绷又轻松的心态寻找自己在舞台上的可能性。

/ 4 /

一晃又过了半年，我们俩再一次同时上一档演讲节目。在化妆间，编导们围着他笑嘻嘻地说：“章扬，恭喜你啊，你终于红了。”

章扬摆摆手，说：“开什么玩笑，里面最不红的就是我啦。”他的脸在灯光下显得红扑扑的。

他参加了芒果 TV 的《完美假期》。这个二十四小时直播的素人真人秀起源于荷兰版 *Big Brother*，选手们在封闭环境里生存三个月，每周淘汰一人，且观众可以无限制投票，也算是增强粉丝黏度的偶像养成类节目的一种，官方公布的总播放次数达到八亿。

章扬在第三周成为淘汰房客。虽然相比其他人，他微博粉丝涨得并不多，但也算小有名气。他在节目中以“学霸”形象示人，在和网友的互动直播环节甚至扮演起政治考研老师。

我缠着他讲节目八卦，他直言在节目中看到太多人性的丑恶。女选手们相互对骂时互抛性器官，让人听了不寒而栗。“但这正是观众喜欢看的，没办法。”参加无数综艺节目的章扬自然清楚大部分观众的调性，所以在吸粉的直播环节，他干脆反其道而行之，不像其他选手那样拼命唱歌跳舞爆乳展示才艺来讨好粉丝，而是和粉丝对骂。“关你屁事！”“你去死吧！”“你妈炸了！”他就像一架大炮台，源源不断地射出炮弹，越是这样，网友们越是前仆后继。大部分人可没时间在真人秀里看什么姐妹情深细水长流，简单粗暴的“骂”与“撕”，直接刺激了感官。

这个真人秀节目也非常吊诡，*Big Brother* 最大的看点是选手之间互相结盟、互黑、秘密谈判。但因为《完美假期》里的选手每天能跟粉丝互动，拥有“上帝视角”纵观全局的粉丝可以把其他人的私密聊天透露给选手，所以这一切都失去意义。节目里不再有靠智商和情商来进行的战争，只剩下纯感官性质的对骂冲突。

可惜如此聪明的章扬没有继续走下去。“我是自动退出的，内投时我也把淘汰票给了自己，其实我的学生已经帮我把票刷到了千万。”他说实在忍受不了三周不见阳光的生活，他们就像阴暗培养皿里的巨型细菌，表面上热火朝天地尔虞我诈，内心滋生着烦躁与煎熬。

从同济大学研究生毕业后，他做过很多种职业。在保险公司经历过太多同事之间的钩心斗角，同事 A 为了多争取一单业务，竟然暗中勾引同事 B 的老公，在床上让他签单。心力交瘁的他选择辞职，又在一所专科学校做专职辅导员。

开学第一天班会，他把负能量踩在脚底，收敛起毒舌属性，做了一番正气十足的演讲：“同学们，谁说考到专科学校就没有前途？不要看不起自己，只要肯努力，谁都会成为社会上的巨人！”满腔热血涌上来，差点烧到眉毛。

他自嘲说从小就是“又丑又笨”的孩子，每次坐在教室最后一排自说自话，连挂着鼻涕的同桌都不搭理他。无意中他接触到辩论，终于找到合适的场合让别人集中精力听他讲话，哪怕是为了找漏洞攻击他。

这让我想起了刘震云，他写《一句顶一万句》和《我不是潘金莲》，绕来绕去无非是想说，每个人都有他孤独的宿命且无人可以诉说，穷极一生，都在找寻一个能听懂自己说话的人。

带着这个初衷，章扬走了好久，久到和他有交集的选手陆续红了好几拨，久到真人秀早已从卫视转移到网络平台。和章扬一起参加《完美假期》的选手，有人淘汰后走出演播厅就立即被开宾利车的土豪粉丝接走，有人签约于正工作室，有人忙着赶通告，有人利用粉丝经济发广告做电商。

不过根据长尾理论，他一定能找到那部分懂他的人。

5

安迪·沃霍尔很久以前就预言，在未来，每个人都有十五分钟成名时间。

我有个朋友是大网红，毕业后进了律师事务所，后来辞掉工作，以录制搞笑视频为生。经常有编导私信她，邀请她参加综艺节目，她回一句“不去，谢谢”就滚去自拍了。“我不适合大演播厅，也不会委屈自己在一群花钱雇来拍手的观众面前又蹦又跳。我只喜欢盯着手机屏幕拍东西，逗乐自己，只是没想到突然火了而已。”

如今自媒体的力量已足够强大，网红艺人除了微博甚至可以不依靠任何平台轻松达到二线明星的知名度。而同样有些网红摩拳擦掌，想脱离散养状态找到正规军组织，去更大的世界看看。

广电总局也发了文，“避免过度明星化”“提高普通群众参与真人秀节目的人数比例”，加上网络节目的兴起，越来越多的素人成为“平民偶像”，甚至不需要曾经的选秀节目选手那样的歌喉和其他才艺。每个“偶像养成”节目都跃跃欲试，想打造下一个 TFBOYS。当传出叶良辰也要签约出道时，大家纷纷感慨，这真是个娱乐至死的时代。

跟一个编导聊天，他发现节目大部分报名表都来自“95 后”和“00 后”，他们也是综艺节目的主流观众。随着观众参与感的增强，大家不甘心仅做个投票的小粉丝，他们与偶像之间的距离仅有一步之遥。那个隐形的名利场，似乎联结着所有人。在这样的大潮中，守住初心更为艰难。

《奇葩说》辩手王潆曾在镜头前一脸从容地说：“谁来这里不是为了红啊！”听上去有些刺耳。就像创业当然要把公司盈利和实现个人财务自由作为目标之一，这是商业的本质。但更多成功创业者的首要目标，一定是凌驾于金钱之上的东西，它更虚幻、更轻盈，唯有如此它才能像翅膀一样带着你飞得更远。

演播厅里，聚拢的灯光又打到章扬身上。他缓缓站起来向嘉宾提问：“这几年来参加大大小小很多个节目，但是一直没有红。我梦想在圈里当个主持人，到底该不该继续追梦？”

和半年前的问题一模一样。

善良是
一袭华美的袍，
上面爬满了虱子

昨天一个朋友因为过敏进了医院，经历让人哭笑不得。

她回威海，去姑姑家做客，对方一个劲儿塞海鲜给她，扇贝、生蚝、海参、鲍鱼、皮皮虾。

她重申几次说过敏，真的不能碰海鲜。姑姑不以为意，亲自给她把壳都剥好，甚至喂给她。

姑姑叹着气说："这些都是我为了你特意起早去买的，这蛤蜊还是我去赶海弄来的，脚都划伤了。你别嫌弃啊，多吃点！"

朋友推托几番，实在盛情难却，咬牙都咽下去了。

果不其然马上进医院，差点有生命危险。

而姑姑事后的表态是："这孩子体质怎么这么弱呢，我们吃了都没事啊。"丝毫没意识到自己的错误。

突然很想借朋友此番经历，写一写"善良"。

"己所不欲，勿施于人"是大家都通晓的道理，但还有一种低智商的善良，叫"己所欲，妄施于人"。打着"我都是为你好"的旗号，把自认为的善意强加给别人，却根本不理会别人真正的需求。这世上，有时往往是甲之蜜糖，乙之砒霜。

从前认为善良是一种心态，一个心境纯净有善念的人，就是值得尊重的人。之后经历更多浮沉人事，越发感觉，善良是一种能力。

因为世上有太多人，把温柔呵护变成慢性摧残，想着除暴安良却最终祸国殃民，打着拯救世界的旗号做了无辜生命的刽子手。

高中时，班上有个同学遭遇车祸腿部残疾，大家为了表达善意，目光里写满对他的同情，每次课间都有人表示要背他下楼。

这让他无比困扰，感觉每时每刻都活在众人的同情之下。到最后，所有人的"善意"，硬生生把他逼成抑郁症，只好无奈转学。其实很多残疾人需要的不是特殊关怀，而是不被视为异类的尊重。

太多披着善良外衣的人以自我为中心，把自身情感凌驾于他人需求之上。

哈耶克说，通往地狱之路，往往都是善意铺就的。亲戚们的"我都是为你好"，不断为你介绍相亲对象，只会让你压力更大、更苦闷。那些所谓的善男信女，把“放生”作为向世界释放善意的途径，把陆生海龟放到江水里，把大批剧毒眼镜蛇放到市区威胁他人生命，把几千条黑鱼放进池塘破坏生态平衡……

只在意善良的本心，却漠视作恶的结果。这样的善良是伪善。

还有一种成本更低廉的“圣母”行为，只敲几下键盘就能轻松表达善意。

灾祸来临时，一些网友在企业家微博评论区叫嚣：“你那么有钱，必须给灾区捐几个亿。”

发生事故，他们说：“你妈虽然被他撞死了，但他有父母啊，你一起诉就把他们家毁了，你忍心吗？”

还有各种各样的言论：

“你不就是车被他撞坏了嘛。你这么有钱，干吗让穷人赔呢？”

“他打你，你也不能离婚啊。忍忍就过去了，你至少要为孩子想想。”

这些真的是善良吗？

这是道德绑架，慷他人之慨，轻轻拈出事件一角，敲几下键盘，掐腰随意讲几句话，沉浸在自己的善意里。胁迫他人做出善良的姿势，从未有大局观，从未站在他人的立场考虑问题，只是替别人慈悲，替别人宽容。

很喜欢柴静那句话：“宽容不是道德，而是认识。唯有深刻地认识事物，才能对人和世界的复杂性有了解和宽谅，才有不轻易责难和赞美的思维习惯。”

善良也是如此吧，没有“认识”作为前提的善良，有时会成为蹩脚的戏码、自娱自乐的表演，甚至迫害他人的武器。

善良是一件华美的衣裳，人人都想穿上。

但我更想做一个成熟的人。

对善良保持警惕，而非狂热地自我标榜。不再渴求给自己贴满善良的标签，不汲汲于声名，而是真正把世界点亮。

做女生，很累吧？

/ 1 /

有个朋友是制片人，有次他做一期节目，嘉宾是个北大姑娘，漂亮、有思想，马上要去哈佛读 Master，除此之外还有一堆 title，联合国什么代表、钢琴什么国际奖……但朋友说，这些都不重要，可以一笔带过。他只想在节目里突出一点——姑娘的孝心。所以他把姑娘的爸妈请来，煽情气氛做足，三人在镜头前哭得稀里哗啦。

我问他为什么这么做。他说："哪怕有一个家庭看到之后，觉得这姑娘可爱孝顺，觉得生养一个女孩不比男孩差，我的目的就达到了。很多人觉得女孩得什么奖根本没用。你想象不到中国到底有多重男轻女。”

/ 2 /

有次我爸来上海看我，去餐厅吃饭，好几个服务员往我们这边看，其中两个互相挤眉弄眼，一副“你懂的”的表情，吃饭过程中视线一直没离开我们，似乎在期待暧昧场景发生。

我爸实在按捺不住了，跟他们解释说“这是我闺女”，我在一旁尴尬地涨红脸。

不只跟我爸，跟工作圈里的前辈吃饭，跟年长一点的采访对象吃饭，我经常遭遇这样不友善的眼神。

打电话跟我妈抱怨，我妈竟然说：“你每次出去妆化那么浓，怪谁！”

我哑口无言。

一个精心打扮的小姑娘和中年男人吃饭，服务员本能地觉得两人肯定关系不正当。即使让别人误会，也是你自找的，“每次出去妆化那么浓，怪谁！”

/ 3 /

过年回家遇到一个伯伯，问我要不要继续读研，我说暂时不读了。

“嗯，好，小姑娘读那么多书干吗，将来不好找对象。我就后悔让自己女儿读研了，眼界高了，现在男朋友的事都没谱。”

“对不起，我不读研关乎我的志趣、爱好和人生规划，跟找对象没关系。”我在心里暗暗说。

“那你在大学里谈朋友了吗？”他关切地问。

“嗯。”

“挺好，免得小姑娘毕业好几年还剩着，那可就麻烦啦。看看我女儿，真让人发愁。失败呀！”

这不是客套，他跟很多人抱怨过。

他女儿在北京工作，国内 TOP4 大学硕士毕业，月薪三万，漂亮优雅，二十七岁，只因为还没嫁出去，在他眼中就是失败的。

/ 4 /

很久前和一个男孩谈恋爱，走在街上聊着情话，他突然说：“看你现在嘚瑟，经常忙工作不太搭理我，等你到二十七八岁，还不是天天缠着我，怕自己嫁不出去。”

呵呵，我心里想，不管处于什么样的年纪，我都有自己的生活节奏。“嫁不出去”是外界贴给我的标签，我有自己的不妥协。

记得他还说：“你一个女孩竟然喜欢谈论政治。”“你别老去玩射箭，最后胳膊练出肌肉来，还像个女孩子吗？”

嘻嘻，你猜我有没有跟他分手?

/ 5 /

朋友和我分享过一个故事。

有天晚上她和男朋友做爱后玩真心话大冒险，她问男朋友睡过多少女人，男朋友列举了数十位，得意扬扬地说：“我还是挺有经验的。”

然后男朋友问了她同样的问题。闺密也数了数，说：“正好和你一样多。”

男朋友当即变脸，一脚把她踹下床，痛骂一顿。当晚他们分手。

男人睡过的女人多是骄傲，女人睡过的男人多就被骂。

6

和一个创业的朋友吃饭，他正在招运营，那天面试了一个女孩。

“我问她上班离公司远不远，她说开车还可以。我问‘是老公送你吗’，她说‘嗯’。”

“所以呢？”

“看吧，幸好套出话来了！她结婚了，但肯定还没孩子。这样的人不能招啊，唉，可惜她能力蛮强的。”朋友说。

小公司考虑到成本，招女性会非常谨慎，赶上休产假就麻烦了。

7

闺密之间闲谈，她问我打算多大结婚，我说遇到真爱了马上领证都可以啊。

她大惊失色，握住我的手：“可别冲动啊，我就知道你干得出来闪婚这种事。但万一不合适离婚了，姑娘就贬值了啊。谁会娶一个离异的女人呢？”

我没说话。

“唉，但离异的男人倒挺受欢迎的。他们有过失败的婚姻，更有经验，更懂女人。”闺密托着脑袋说。

同样是离婚，大家对待男人和女人的态度是不同的。

对了，“男人四十一枝花，女人四十豆腐渣”这样的话依然流行到现在，似乎暗示岁月让男人更温柔成熟有魅力有社会竞争力，让女人衰老干瘪黯淡无光。因为人们认为男人的价值在于积累的经历与财富，女人的价值在于一副皮囊。

亲身经历的、身边朋友的例子太多了。

我们女生不是玻璃心，你的一句话也不会给我们造成太大的心理阴影。我们之所以不容忍，是想让更多人意识到语言和观念的暴力，想让这片土地变得更好。

是想未来每个女生，做真正独立自由，不被世俗的言语构建所伤害的人。

做男生，也很累吧？

/1/

前段时间，很多女生喊着说：“甘愿被郭碧婷掰弯”“愿意给窦靖童生猴子”……

不管她们出柜是真是假。

我想说，有哪个男星能在中国大方承认自己是gay，然后靠这个上头条迎来又一个事业小巅峰？连蔡康永都要在《奇葩说》上流泪解释：“我们不是妖怪。”

很多男生会在成长路上反复听到这句话：“要有个男人的样子。”

我有个朋友，直男，但活得比较精致。

他说每次在公众场合涂唇膏就有人盯着他看。他还特别喜欢吃费列罗，但剥一颗巧克力都会被朋友嘲笑“娘”。

青春期的时候，为了合群不受歧视，为了“be a man（像一个男人）”，他被迫学着抽烟喝酒打架进网吧。

他穿衣服也讲究，衬衫一丝不苟，发胶喷很厚，鞋子的颜色要和围巾呼应，隆冬也要把裤腿挽起来。有时跟我一起出门，如果打扮得有点精致过头，他一定要忧心忡忡地问我一句：“我看起来娘吗？”

反过来，女生打扮得中性会被视为“酷”，做事硬派会被称赞“巾帼不让须眉”。

但是，男人呢?

2

我家乡小镇的渔业很发达，做码头、油船、出海、冷藏生意的很多。

有个发小最近陷入深深的苦闷中。

他一直喜欢画画，也极有天赋，大学念的是设计，很想留在北京自己开工作室打拼。

其实从小到大家里都不支持他学艺，画画都是偷学的。高考后，他反抗撒泼甚至绝食，父亲才没逼他读商学院。

现在他大三，父亲已经屡次向他发出信号：别多想了，必须回家接手渔业公司。

我们那儿不太有“职业经理人”的概念，把企业交给外人是不放心的。

他厌恶商界那一套，更不想回小镇过乏味的生活，可是又能怎么办呢？

如果他是女生，至少成长路上不会受太多强权干涉。至少我们那儿没见过哪个家长硬逼着女孩子继承家业。

/ 3 /

我有个同学，喜欢班上一个很漂亮的女生。

他小心翼翼地追了半年，送礼物请吃饭谈人生聊理想，接触久了，女生被他打动，两人终于在一起。

半年过去，两人分手。

原因是男生最近手头不太宽裕，两人外出旅行时，男生委婉提出能不能 AA 一下。

女生翻脸了。没过多久，就和一个大她六岁的创业 CEO 在一起了。

我同学一蹶不振，再见到任何女孩子几乎都不会正常说话了。

谈恋爱这种事，对年轻男性是很残酷的。

终于挨到大学，他们勉强摆脱了青春期的不成熟，心智稍微能和同龄女生齐平，发现前方又是千万道障碍。没有资源，没有物质保障，也给不了女生远见性的指导……相比那些“社会上的男人”，他们是自卑的。

而很多西方男孩子，会把“年轻”当作本钱，大大方方地追求漂亮姑娘。

/ 4 /

老师也会默认，男生比女生更强大。

印象里，教室后排调皮捣蛋的女生不会受什么体罚，而男生会遭到班主任嘲讽、辱骂、罚站、抡小皮鞭等层出不穷的人身攻击。

从没有人计算过男孩们的心理阴影面积。

“男生天生要保护女生，而不是欺负女生。”因而男女打架被处罚的几乎都是男生，至于你们之间有什么恩怨纠葛、谁对谁错，是无所谓的。

/ 5 /

都说中国有很多剩女，因为女人的眼光太高了。但有没有想过，整个社会对“优秀女人”和“优秀男人”的标准本就截然不同。

女人事业稳定，外形不差，如果再有较好的学历背景，业余有一两样才能，几乎就能得到世俗的认可。

男人呢，是要有进取心的，身高不够简直是残疾，此外，学历、资源、财富……这些硬件都要过关。

我见过太多渴望得到肯定的男人，早早抛下志趣，抛下生命中本该有的柔软的诗歌和恬淡的快乐，急切地投入到追名逐利中去。

或许社会对他们太苛刻了，他们停不下来。

读完前面五条，有没有发现一个共性？

在男权社会，我们默认男性是“强者”。男性看似是社会既得利益者，其实他们反过来承受了更大的压力。

正是我们默认了“男强女弱”，正是社会对待女性的不平等，所以——

女性化的男性被歧视，反之男性化的女性被赞许。

男生在成长过程中要承受父辈更多期许。

犯同样的错误，男孩会受到更重的处罚。

成功男性的标准比女性更高。

……

在男权社会，男人成为受害者。

争取平权，是为了让“性别”不再成为某些社会话题的一部分，为了男女双方的自由。

你策马扬鞭
仗剑天涯，
我在路边赏我的花

不浮躁的世界是什么样子？

他有广厦千间良田万亩，每天叼着牙签收租散步好不快活。你有藏书万卷学富五车，埋头于学术不问世事自得其乐。

你们碰面，颔首一笑，你一袭青衫挺拔俊俏，他的大金链子也光照四方。你不轻视他土豪，懂他曾经打拼家业的辛苦。他不轻视你的知识，懂你青灯黄卷的不易。你们各自富足，各自尊重。

不像现在，做生意的在老板椅上跷着大腿，吐一口烟晃悠悠地说："当年我初中毕业就进社会闯荡，现在企业做大，那些博士生还

不是来给我打工，读书有什么用？”

博士生也一脸鄙夷地看着他老板：“有钱有什么用？精神贫瘠得一塌糊涂，唯一的娱乐大概是大保健吧。”

事实上，每一种生活之间几乎是没有可比性的，你无法感同身受，无法体会他那种“不足为外人道也”的快乐，又何必贴标签妄图评判他人？

社会不把年轻人推上逼仄的跑道，鸣枪强迫每个人向前奔跑。不必毕业后马上进最紧俏的行业，不必工作求得安稳，不必二十多岁被催着相亲择一人终老。

不像现在，世界似乎在身后用小皮鞭催促你向前赶路刻不容缓。刚完成高考走进大学尚未喘息，父母便为你将来的出路发愁，你看着身边的同学纷纷开始实习，终于你也尾随其后。走出学校，一直提防你早恋的父母突然希望你马上寻觅到伴侣，过年回家亲戚们的话题紧紧围绕你的生计、你的工作，那些赤裸裸的现实。

不浮躁的世界会包容你的迷惘、慵懒与撒娇，容许你犯错、走弯路、散散漫漫。

别人穿上定制跑鞋狂奔，而你脱下袜子在溪边晒太阳濯足，气定神闲，谁奈你何？

你爱读书，一路高歌猛进读到博士，最后找了份跟本科生待遇相同的工作。没有人奚落你说“书读多了有什么用”，他们知道你求学的珍贵体验和欢愉满足远非金钱可以衡量。

你背包远行，一路露宿风餐，最后灰头土脸黑不溜秋回故乡，没人冷眼嘲讽你此刻的落魄。他们知道，你大好的时光都扬撒在路上，精神放逐在远方。

你辞职创业，出差待遇从五星级酒店降到小招待所，辛苦折腾大半年未果，又回原来的公司上班，没人解构你的尴尬。他们知道……

哦，哪怕他们不知道。他们无法对你的创业历程感同身受，对你的感悟与收获一无所知，他们甚至不会在茶水间笑谈说："你看他那么傻，白费力气。"

你去吃精致下午茶，背着相机拍遍展览，窗前流水枕前书。这些只为取悦自己，不为别人摁下小小的赞，不为获得旁人的认同。在心里开垦田地，迎接月光，一切都是为了自己。

你和女朋友约会时不必狂翻手机生怕错过一个新闻热点。回家就安心陪父母，不必心不在焉想着大盘指数。万事各得其所，专注做此时此刻的每件事。不担心打盹睡了一觉就是浪费时间，闭关休养几天就跟时代脱节。

你野心勃勃，扬名立万的欲望夜夜疯狂滋长，谁都扑不灭你对成功的渴望。你迫切想成功，但从没想过"明天就成功，立刻成功"，你知道前路漫漫，道阻且长。你仰望再高的星空，也要低头脚踏实地。你的野心是拥有一座庞大帝国，但现在，你俯下身，心无杂念修整一扇窗。

希望这个时代离我们不远。

睡觉时安心睡觉，不想着刚才路过别人的鲍鱼晚宴。跑步时安心跑步，不想着如何发朋友圈向别人炫耀。没有人随意给别人贴标签，没有人用自己的价值观裹挟他人。多少年后你我相逢，我感受到你发丝间自由的风，你觉察到岁月留在我身上的静谧。

你我殊途不同归。但各自尊重，各自安好。

你策马扬鞭仗剑天涯，我在路边赏我的花。

你只是努力，并不是浮躁

一个学弟找我约饭。那天被编辑催着交稿，忙得焦头烂额，但想到这枚小鲜肉的高颜值，觉得拖个稿子根本不算什么。

骑着脚踏车噔噔地去吃麻辣香锅。

进门见他一个人捧着一碗米饭往嘴里扒拉，原本杜江一样的大萌眼睛眯成了杜海涛，还有几粒米像冻僵的雪花沾在眉毛上。

“学姐，我一天没吃饭了。”他像丢了魂似的。

我拍了拍他肩膀趁机吃他豆腐，问他怎么了。

“最好的朋友把我朋友圈屏蔽了，说见不得我这么浮躁。其实最近已经有不少人这么说我了，我现在走到哪儿都想着这个词，我的内心几乎是崩溃的。”

“就这点事儿吗？”我问。

“嗯。”他叹口气。

我了解他。人和人性格不一样，小时候有的小朋友被班主任碰一下额头批评几句就哭得梨花带雨，像我这样皮糙肉厚的被老师花式吊打一星期还能笑眯眯。学弟见不得别人说自己有瑕疵。特别是“浮躁”这个词，在互联网时代已经烂大街了，人人都在劝诫自己“不要浮躁”，最受不了别人把“浮躁”的帽子扣在自己头上。

我一屁股坐到他旁边，右手心安理得地摸他肩膀，左手刷他朋友圈。

学弟一直想当主持人，上幼儿园的时候眉心就被老师点小红点，站在台上报幕。读大学时在台上做校园主持，因为长得太像吴彦祖，下面小姑娘都尖叫疯了，每次都抢嘉宾风头。然后出去做商演，再后来到各大电视台录综艺节目。他交际能力不错，不但自己刷脸，手上也掐着一票演员模特主持人，做经纪人。

朋友圈里无非是各种节目通告、招聘、跟名人的合影，以及时不时帅瞎我眼的自拍。花花绿绿的，好像的确不太接地气，让别人感觉下一步他就该筹划个“优衣库事件”一炮而红了。

“我也不知道自己适不适合这一行，总之趁年轻先试试，多拼一下嘛。”

有些人的最佳状态不是悠哉惬意地喝下午茶刷剧，而是一刻不停地做事，在有限的时间里把任务塞得越多越好。学弟就是这种人，对他来说，闲散是惩罚，忙碌才是享受。

“学姐，我该怎么克服浮躁呢？冥想？打坐？入定？”

“你怎么不干脆出家得了。哦，对了，现在寺庙比俗世浮躁多了，想进去还要一层层投简历面试呢。”

我没觉得他有多浮躁。浮躁是急功近利，做事只有三分钟热度，才华支撑不起野心却好高骛远，想挖水井但到处只挖一铲子就拍屁股走人。但是学弟把每件事都做到最好。经常深夜两点写主持稿；为了接一个通告，早上坐两个多小时地铁进市区面试；为了接一个模特经纪单，皱着眉和别人喝大酒。虽然我承认，他活得太“用力”了，把欲望全写在了脸上。

很多人见不得他上各种真人秀刷脸，冷嘲热讽说他浮躁太想红。但既然他梦想成为综艺节目主持人，就必须找机会多面对镜头找感觉练习，这是基本功，是必修课。很奇怪不是吗，我们觉得一个为了托福考高分天天练听力刷题找人练口语的学生很努力很有进取心，却觉得一个想做主持人所以找机会上节目培养镜头感练习说话的学生很浮躁。

这完全可以理解，学弟为了做主持人所付出的大部分努力都是要被人“注视”的，活在观众审视之下的，“舞台”和“电视”的属性，让人感觉多了一层浮躁和名利感。

“推荐你看一本书，叫《钝感力》，渡边淳一写的。别太在乎别人怎么说，希望你以后脸皮越来越厚。”

我又趁机掐了一把他的脸颊。

这时候学弟接了一个电话，又一个新节目面试通过了。刚才丢了的魂瞬间回来了，他一本正经地拉开我放在他肩膀上的胳膊，狂笑两声，把眉毛上的米粒抹掉，不再理会我，一头扎进香锅里猛吃。

留下我僵直的手臂悬在空中石化。

“喂，你刚才如丧考妣的样子呢？”我拿筷子戳他。

“不管啦，我要多吃才有力气上新节目。”

这么快他就想通了。

如果最后学弟失败了，大概会有更多人把他的故事风干成段子，然后下酒，笑他“这人浮躁得像跳蚤一样蹦来蹦去想红……”

如果他成功了，这段经历大概会被反复提及，跟所有人灌鸡汤说年轻时要有像他一样的进取心。

说白了，外人根本看不到这两者的界限，真正懂你的，只有自己。很多人现在跟我学弟一样，只是一只羽翼未丰的小鸟，虽然目标是天空，但必须先在地面上反复扑腾，反复试错。这种尴尬的姿势，在别人眼里，就成了“浮躁”。

但这是必经之路。

学弟必须去各个类型的节目尝试，才知道哪种风格最适合自己。很多人起先没有目标，必须在不同领域尝试一段时间，才知道自己最想做什么。年轻的时候，正是没有束缚可以在不同的跑道上走走跳跳的时候。

如果别人把你的努力试错当成浮躁，你默默翻一个白眼，说一句“关你屁事”就好。

我需要变强的理由

春节前不久，忘了腊月二十几，我去长海医院做个小检查，折腾完之后，到对面 KFC 吃早饭。

坐在门边，边刷淘宝边啃汉堡。

这时门突然被推开，一股冷风吹灌，三个人小心翼翼走进来。

老奶奶头戴和我姥姥一样的粗布头巾，上身佝偻，被老爷爷搀扶。老爷爷拎着农村人赶集用的布包，踩着单薄的胶鞋。另一人似乎是他们的儿子，穿皮夹克，裤腿上有没洗掉的水泥污渍。

他们一定也是来看病的。

三人在门口踟蹰许久也没有走向柜台决定到底吃什么，正好我旁边空出位子，老奶奶被扶着坐下。

临近春节有些想家，看到他们身上一股亲切的胶东味儿，我好感慨。后来听口音，果然是青岛人。

老奶奶觉得这儿太贵，执意要去旁边包子铺随便吃点，老爷爷在旁边咳嗽，不置可否。

儿子犹豫一番，排队买来两个鸡腿堡、一杯可乐。

端回来谁都没动。

老奶奶突然捂住胸口，眼角带泪，脸上所有皱纹瞬间挤在一起，最后一动不动趴在桌上。

老爷爷和儿子面面相觑，连连叹气。

然后，我听到了一番让人绝望无比的对话。

爷爷说："我跟你妈商量好了，手术要十万块钱，就不治了，不拖累你了。"

儿子从喉咙里发出含混不清的声音，相当于默许的"嗯"。

后来老奶奶也抬起头，费很大的力气说："没事，俺们回去把最后一个年过好。"

我当时就忍不住了，抓起包冲进洗手间里哭。

那番对话就是全家人默认，因为没钱治疗，要"等死"。

突然想到太姥姥，当年患的仅仅是肺结核，因为没钱，被全家人用小推车接回村，躺在炕上咳了十几天，最后实在忍受不了痛苦，上吊结束了生命。

在洗手间待了几分钟，我赶紧整理情绪走出来，排队买了足够三人吃的食物端给他们。

我说："我是威海人，听口音跟你们是半个老乡，这些是我用马上过期的券买的，吃不掉就浪费了，你们吃吧。"放下托盘，我连再见也没说，匆匆推门离开。

从没有过哪一个瞬间，让我发誓要赚好多好多好多好多钱，越多越好。

我可以接受科技的局限性，可以被突如其来的天灾人祸击败，但我永远都不会原谅，某一天，我最亲爱的家人与好朋友，因为钱而离开这个世界。

我也不想看到，那些善良的陌生人劳苦一生，最后拿不出一些人用来买一个包的钱，束手无策被疾病折磨，最后毫无尊严地被死神带走。

你以为这些离你很远，其实在这片土地上，命薄如纸的故事太多。

今 天 以 后 ， 人 生 无 数 可 能

那个对的人永远都在等你，等着给你一个拥抱，等着为你拭去泪水，等着用生命包容生命，等着和你依偎在一起，迎接日升日落，月圆月缺。

Chapter 4

你要的爱，永远都在

对有些人而言，单身是会上瘾的

我有个学姐，一直单身的原因比较奇葩，但的确代表了一类人。

有天约她喝下午茶，她说好像找到爱人了，两情相悦的那种。我脱口而出说“那就在一起呗”，她托着下巴皱眉摇头，好像有什么难言之隐。

从大学开始就没人见过她谈男朋友，久之有了一个光鲜而诡异的名号叫“单身花式虐情侣协会会长”。

她常拿刘瑜那句话说：“一个人要像一支队伍。”

她好像没有寂寞的时候，永远精力充沛地跑在时间线上，管理学校的五星社团，课余学西班牙语、学钢琴，实习，做学术项目……

后来她到外企工作，虽然忙得要死，但早上变着花样给自己做“一人食”，什么杧果布丁、龙虾饭、关东煮……碟子都精致得很，每天摆盘要花上好几分钟，米饭甚至专门搭配紫菜做成小熊猫图案，照片发知乎肯定不少人点赞。

每周风雨无阻去健身房三次，腰细臀翘，马甲线慢慢明显。

周末接客片给别人拍照，跑马拉松，做西班牙语助教，准备考钢琴十级……时不时深夜发微信告诉我说“老娘要去学拳击”“玩摄影玩大了太忙要招助理”“打算一个人去一趟菲律宾”……

在学校她看到情侣站在公寓门口搂搂抱抱，通常是不屑一顾地哼一声，抱着书甩着小马尾辫儿走掉。工作之后看到有人在地铁站秀恩爱，她捏紧包带，更加笔挺地站直，看着地铁玻璃门上妆容精致的自己，轻轻一笑。刷朋友圈刷到情侣傻傻对镜头自拍秀恩爱，她龇牙点一个赞，一副“这两人庸俗得没救了”的表情。

我曾误以为这只是酸葡萄心理，真正了解她后才知道，她是发自内心地骄傲。

为单身而骄傲。

为自己没有被空虚和孤独笼罩而骄傲。

为自己保持自由，不依靠男人依然生活得丰盛满足而骄傲。

她常在朋友圈发状态，说如何做到一个人欢天喜地去咖啡馆看书，端坐在情侣中间看电影，一个人吃热气腾腾的火锅，一个人出门旅行。

当年她在学校做单身花式虐情侣协会会长的时候，凭借多年单身经验和满满的正能量，开导了一个个空虚寂寞冷的姑娘。

当一个人完全能取悦自己，活得更有趣更有价值的时候，为什么需要另一半呢？

她劝单身的姑娘不要盲目陷入感情，劣质的恋爱是消磨，是负担。与其这样，不如充分和自己相处，每天过得充实享受。

与其说她享受这个过程，不如说享受与孤独抗击的状态。

这是赢的状态。

她可以把自己“悲壮”的故事说出来，告诉姑娘们说：“看，我也是单身，我战胜了孤独，活得那么精彩，你们为什么不可以？”

她曾经跟我分享过对未来男朋友的期待，要求之高烦琐之极让我自叹不如，“必须会用口琴完美地吹奏星之所在”都是什么鬼。后来大概她见过大世面了，要求越来越高，男朋友差不多要成为德艺双馨的艺术家才行。

提及刚遇到的这位先生，她说：“他真的挺完美的，长相工作才华就不说了，连早上去广场陪我抖空竹这样的要求都能满足！”

扑哧。

所以，即使她找到了相对完美的爱人，她还是不敢“谈恋爱”。

有了男朋友，事情就不一样了。她可以依偎在一个人身旁，有一个人的空间，同时又能召唤另一个人陪伴，和他分享喜怒哀乐。

她不再需要一个人承担整个世界的压力，不能再倔强地站在秀恩爱的情侣中间，挺起胸膛告诉自己没有男人我能活得更好。

作为战士的征途终结了。她抹掉肩上啼血的残阳，收起残破的盾牌，脱下盔甲，换上长裙，躺在公主床上，靠着软绵绵的抱枕，投奔到温柔的世俗中去。

她认为这是在向甜蜜妥协，是对孤独的背叛，左右为难。

就是有这样的人。

一个人充实地活着，骄傲地和生活较量。一个人吃饭旅行，一个人换灯泡修下水道，一个人读书写作看话剧做烘焙，一个人度过漫漫长夜走过空旷长街，孤独从来不会把她们打倒，她们甚至很难感觉到孤独。

默默做更好的自己，同时对另一半心存期待。

当另一半真的出现在她们面前，她们反倒无措。

她们在一个人的队伍中行军太久了，单身是会上瘾的。

脱下盔甲换上长裙，哪儿是那么容易的呢?

有一种
喜欢，
无关爱情

/ 1 /

大一开学第一天，学长问我选了哪些人的课，我报上他的名字。学长说："你人品真好，他的课很难选，上课要认真听讲。"我再追问，学长便卖关子，只字不提。

复旦的风流雅士不少，捡个漏当然好。噌噌噌爬上四楼，提早占座，就等真相水落石出。等到上课再进教室，果然名不虚传，满满当当，还有大批人挤在门口站着听。

他背一个黑色双肩包，乐扣水壶里盛满浓郁的茶水。他不帅，但眼睛明亮，教政治课却不搞洗脑那套，讲的内容全是社会良心。热热闹闹聊到一半，他说："我代表复旦师生对你们新生的到来表示欢迎。"

冷不丁一句空洞的官腔把大家吓一跳，我们只好闷着头鼓掌。他突然问："你们不觉得这句话有问题吗？"大家面面相觑。我伸出右手打一个响指："你凭什么代表复旦师生？"口气冷峻，颇像质询。

"这位同学，请你再说一遍。"

我突然没了底气，声音从大象降成老鼠。

"你叫什么名字？"

我更不敢说话。遇上记仇的主儿，期末得一个 F，向谁哭诉。

一阵沉默后，他说："没错，我没权力代表'复旦师生'，每个人都是独立的个体。"

原来这是设定好的找碴题。

没讲出自己的名字，绝对是我整个学期最后悔的事情。为了让他记住我，我多花费了好几个月时间。

我每次上课都坐在第一排固定的座位，他每次提问，我都迫不及待地拿右手打一个响指，哪怕没有观点，也要瞎说一通刷存在感。他每讲一个历史章节都会推荐一本书，我没时间读完，就去豆瓣浏览重点，然后给他发邮件提问，乔装打扮成虚心的好学生。也在很多场合大言不惭地说，他是我的男神。

当时我在校媒做记者。每周开例会报选题，我在副主编面前把他的名字连喊三遍，然后换来一堆白眼，“太有争议性，话题太敏感”，每次都吃闭门羹。夜里想到他，难免懊丧，原来自己依然没过完怀揣少女心的青春期呀。

圣诞节的时候，文科图书馆用很多本墨绿色字典码成一棵巨大的圣诞树，很多人把写满祝福的便笺纸贴在上面。我走过去，写下了匿名的告白。

“××老师，我喜欢你。”

/ 2 /

如果细分下来，感情有太多种归类。可我不是专业的药剂师，无法把各种试剂称量定性。在模糊的语境里，姑且把这种感情叫作“喜欢”。

我的室友喜欢她的哲学老师。她从亚马逊买来成箱的哲学书，不再跟我探讨哪家店的外卖更好吃，突然和我争论形而上的存在性问题。我看着她逐渐瘦下去的肚子和不断充盈的大脑，觉得多巴胺十分奇妙。

那天她查到老师给博士生上课的地点，抱着一大摞书前去旁听。在教室门口，她始终不敢推开门，只好焦虑地原地转圈。煎熬许久，上课时间已过，她仍然站在门口，下嘴唇的皮快被咬破。

门突然打开，她的老师拿着手机走出来。二人对视，她愣住，手里的书扑通坠地。然后她扭头跑开，钻进电梯。

哭着跑回来时，她跟我说："特别厌恶那么怯弱卑微的自己。"

想靠近他，又不勇敢。

而谁都明白，老师不是用来卑微仰视的"男神"。你喜欢他脱俗的帅气，那他必然也有胡子拉碴的时刻。你喜欢他吟诗赋唱的遗世高蹈，可他也会脏话连篇地抱怨吐槽。你喜欢他清高狷狂不食人间烟火，他也可能为了一点工作琐事喋喋不休。

喜欢老师，大概是因为时空限定，他向你展示的只有美之一面。

/ 3 /

一学期的课上得飞快，我一边享受一边懊恼，以后和他就没交集了。

最后一节课，课堂的背景音乐是罗大佑的《闪亮的日子》。

我用了两个晚上写一篇小小的期末历史论文。坐在学校著名的3108通宵教室，想起他调侃荒诞的时代，讲历史浮沉，温情的细节，颓唐的人事……想到他一字一顿地给我们灌汤："学历史的意义，在于帮我们追寻生命的意义。"

竟然拿了 A。查到成绩后，迅速给他发邮件，打开邮箱界面，突然不知如何是好。课程结束，拿到成绩，两人唯一的联系也断掉。

感谢一番后，厚着脸皮问，以后有历史问题能否向他请教。其实向来读不进大部头学术著作，平时哪会有什么历史问题。只不过要抓一根纤细的绳索，哪怕摇摇欲坠，不想离岸。

他很快回复："今后依然混迹在复旦，还会常碰面。"

我继续回应他，几番来往过后，要到他的微信号码，就像从天庭打通至凡间。

但没有再和他聊天。

这是他在复旦教书的第二年。下学期，他的课程更火爆，我有时坐在角落里，听他和学生们嬉笑怒骂，听那些或熟悉或陌生的段子，觉得恍若隔世。

但"假公济私"的机会太多，只要用心，遍地都是勾搭的机会。做学术沙龙邀请嘉宾，我瞬间想到他。既然聊政治，就凑齐左中右三派，玩一次"锵锵三人行"。

那天大雨倾盆，场地竟然陆陆续续坐满了人。他走进来时，甩甩手中的雨伞，脱下外套，朝我笑笑。仿佛他融化了去年冬天的雪，飘落到这个夜晚，成为春天的雨。

他是很多人的男神。女生们目不转睛地盯着他，对他抛出的每一个笑料积极回应。散场后我打扫桌子，听到一个女生悄悄跟同伴说："真喜欢他呀，喜欢得想追他。"

我轻轻一笑。

坐在朋友的自行车后座上离开，看到身后的他没有打伞，哼着老狼的歌。

后来跟辅导员吃火锅，再坚硬的食物都会在滚沸的锅里被煮烂，在热气腾腾的火锅面前，人们太容易倾诉衷肠。

辅导员说："谁都看得出来，你喜欢他。"

土豆片太烫，我吐了吐舌头，说："那又怎样？"

"去追啊。"

辣椒呛到嗓子眼。"你也太俗了吧。男神是用来追的吗？"

辅导员暧昧一笑。两人突然默契地谈到复旦某系的风流韵事，教授追女学生，和原配离婚，和学生结婚，再离婚……绝非个例，佳话连连。

那样的画面太难想象。引经据典妙语连珠的教授突然脱下西装，穿着白裤衩大凉鞋和你一起买菜做饭，坐在马桶上让你给他递手纸。

为什么要让男神跌落凡间呢？

/ 4 /

大一下学期，我在学校报社升了职，终于可以自由上报选题，有了正当的途径光明磊落地追问他的过往。

他爽快地同意接受采访。

我在办公室门口等他，他穿一件千年不变的外套，头发剪得简单清爽，十分可爱。“老师您真萌。”我装作熟络的样子跟他开玩笑。他愣了一下，十分不好意思地挠头。

笔记本电脑里存着几十个问题。我发挥狗仔精神，在百度上把他扒了个底朝天。相比其他人气青年教师，他在网上几乎没有照片，没有采访。

我从全家便利店买了大堆零食，一边嚼乐事薯片一边抛问题给他。心里想着他真有些差劲，竟然没有给我倒水。

讲他安徽的乡村，讲他的小学两个年级共用一间教室一块黑板，两个老师讲课声音此起彼伏。刚来复旦，大都市里太多选择让他有些无措。去加拿大读书，他疯狂地想家，最后在一个基督教会的闺密团里找到精神依托。

聊到很晚，几包薯片见底，光华楼的灯已经熄灭大半。最后他愁苦地说道：“其实我是个很无趣的人，生活里除了读书教书也没多大爱好，稿子应该很难写吧，难为你了。”

我心想，哪有的事。稿子一出，肯定又巩固你的男神形象。

最后一个问题，我问他：“来教书这么久，就没有女生跟你表白吗？”

我知道，圣诞树上那张字条，他看到过。

“你确定那张纸的意思是告白？再说，复旦里说不定有很多个重名者，不一定是我。”他拧开乐扣茶杯喝一口茶，极力掩饰。

“好吧，老师再见。”

那夜的光华妖风特别凶狠，自行车和我被风撕扯得七零八落。心里突然被温热的草垛填满，有点发胀。

第二天，闺密咬着筷子问我，采访有何收获。

我老老实实交代：“家里催他结婚，他现在跟一个大提琴手相亲。”

“你还是换个男神吧。都走上相亲这条庸俗之路了，真是……”

我扒拉着眼前的米饭，没再说话。村上春树老人家说得真好，追求得到之日即终止之时。我终于如愿以偿听他亲口讲述他的故事，但那又怎样呢。原来我喜欢的，只是站在 3408 教室里，告诉我们“若批评不自由，则赞美无意义”的他。

/ 5 /

我写完稿子给他看，内容被他阉割不少。比如成为敏感词的“自由主义者”，比如他喜欢抱别家小孩的怪癖，比如他想成为家庭妇男的终极理想。

我有点失落，但只好遵命。阉割完的稿件依然被大量转发，大家对男神的爱有增无减。再后来，拿着这篇报道去面试，我成为南方报业的实习生。

我已经利用所有条件去接近他了，故事到这儿不得不画上静默的句点。我再也没想过去逾越什么，捣烂所有的情绪，用浓稠的夜晚来稀释冲泡，再悄悄咽下去，取悦自己。

闲来无事时，我常打发闺密去听他的课。“他一直叨叨陈年旧事，有什么好听的，我都是为了你。”闺密牢骚道。

这样我就有理由趴在窗户上看他。

下课了，我接闺密出来，她说：“上了两节课，我终于有了一个巨大发现。”

“什么？”

“你趴窗户时，他看到你的瞬间脸红了。”

“谁脸红？”

“他啊。”

就当闺密讲了个笑话。

再偶然遇上他时，先打招呼的总是他，脸红的还是我。如果没有认识他，我可能不会发现，自己心里仍然住着一位小小的少女，有一颗世界上最敏感的心。

室友和我说，她不会再为了哲学老师去读那些她不喜欢的书了。但偶尔从他身边经过，还是会惊慌失措。

就到此为止了。他们还是留在了讲台上，继续风度翩翩，继续讲那些闪亮的大道理。我根本没想过把他拽下来，把他和细水长流的生活绑在一起。

有时候想，喜欢老师，可能只是因为人性本能对权威的崇拜，因为那个三尺讲台。有时候又想，不对，哪有那么复杂，都是荷尔蒙而已。

但是喜欢过你就会懂，这分明跟爱情一点关系也没有。喜欢老师，你并不会有什么得失心，你从来都不想要得到他。就像你跋涉远山，路上做了一场梦，梦醒之后你并不会怅然，反而拍拍身上的尘土，回味梦中境遇，继续心怀感激地往前走。

喜欢是情非得已，放下也是

/ 1 /

几天前老朋友来上海，陪他喝酒。他喜欢一个女生九年，从初中到大学。

那时台湾偶像剧正火，我们都揶揄他，公主和王子迟早奔赴一地鸡毛的家庭生活，你这千年骑士要住到人家地下室去守护一辈子。

学生时代他坐在女生后排，关怀备至。

她吸气抱怨“肚子疼”，他马上冲进小卖部买红糖水加一包卫生巾，我们都叫他大姨妈骑士。

女生各种明言暗示，他们之间不可能。她生性喜欢扑朔凛冽的冬天，而他像温墩的夏。

他早早接受结果，断了拥有她的念想，却不能阻止自己继续对她好。

放不下她。

像执拗的马拉松运动员，终点的红线不知所终，他依然不顾雨打风吹地跑下去。

上大学后两人天各一方，他不能坐在后排小心翼翼揣测她的需要。但没事，还有朋友圈。

观察她的动态。见她心情不好，要么打电话安慰，要么直接乘飞机来陪她吃喝玩乐，为此累死累活做好几份兼职。

怕她顾忌，一遍遍解释：“我早就把你当妹妹了。”

在我心里，这种不计结果的付出太煎熬，像夸父追不到的日，精卫填不满的海，西西弗斯推不完的巨石。

上一次分别前，他说：“我注定要做一辈子小人物啊，唯一让我身形高大的，就是这份爱，我怎么能放下。”

这次见面，我说：“老规矩，快聊聊你们的事，给我提供写作素材。”

他托腮，挠头，过了一会儿，打着哈欠说：“最近忙着考研，没顾得上她。”

我说："太好了，你一定是不喜欢她了。"

他惊诧地说："怎么会！"

我托着酒杯朝他鬼魅一笑，他一拍大腿："你别说，好像真的是。"

他慢慢挖掘线索。

几天前钱包被偷，丢失了两人最后一张合影，好像也没怎么惋惜。

今年她过生日，他忘了买礼物，忘了定时在零点送祝福。

手机内存不够，自然而然翻到相册顶部，把她的照片删掉。

他咽下一口酒，说："原来我早就放下了，只是到今天才发觉。就连刚才喝长岛冰茶，都再也想不起她的样子。"

喜欢是情非得已的，就连放下也是。

柴火耗尽，再猛烈的火光都会暗淡，再滚烫的沸水都会成为平淡无奇的凉白开。

哪怕在感情面前放下得失心，我们依然是无力的弱者。他不仅无力在她的内心安营扎寨，时间过去，他甚至无力阻止她在自己的内心全线撤离。

他不想放下她，终究还是放下。

/ 2 /

继续出卖我第二个老同学。

她本来和男朋友谈着四平八稳的恋爱，对方突然要出国，而且全家都有移民的打算。

在前程面前，感情当然要让路。

最虐心的分手，就是依然相爱。前一个月，他们二人在朋友圈开展激烈的“比惨大赛”，一个黯然借酒消愁，另一个独自看爱情悲剧流泪到凌晨，一个发“触景伤情”，另一个感慨“物是人非”。

有次和她吃烤肉，我手忙脚乱地烤，她盯着桌上的五花肉突然泪崩：“我已经好几年没烤过肉了，跟他在一起，他从来都不让我动手。”

唉，都搞成这样了，干吗要分手呢？

老同学十分倔强：“我们都是理智的人，这是为双方的未来负责。”

我说：“真的负责，就不是作践自己昼夜颠倒给对方展示颓废，而是让他放心，告诉他你会慢慢放下，会一个人过得很好。”

她擦着鼻涕说：“道理我都懂，你行你上啊！”

过了半年，男生回国，我们几人聚在一起唱歌，她也在。

散场后她跟我说：“当时电梯里只有我们两个人，我忙着回微信，连打量他的念头都没有。他是一本书，翻到一半戛然而止。虽然遗憾没有读完，但我要去读另一本了。”

我问她是怎么放下的。

“每天提醒自己，我能为他做的最后一件事，就是忘记他。”

/ 3 /

去年在北京，陪闺密从学院路走到霍营，为了吃一盘荠菜饺子，睹物思人，纪念她男朋友。她把饺子夹起来，又放下，掩面唏嘘，反反复复。

吃了两个小时。

我说：“如果他重新追你，你还想不想和他在一起？”

她头也没抬，说：“不想。”

“为什么啊？”

“他已经不是原来的他了，我也不是原来的我了，还怎么在一起？”

“那你还跑来纪念，够矫情的。”

闺密摇头，没说话。

回家后，她发了条更矫情的朋友圈：“只有你心里住进一个人，有牵挂，放不下，你才是不孤单的，哪怕他的背影再也不会出现在你期许的明天里。”

她把我惊醒。

我发现自己心里正是空无一物，静如坟场。

那些年趴在床上流的眼泪，揪住的衣角，回味上千遍的短信微信，想触碰又收回的手，写好又撕掉的情书……都被狗吃了。

那首诗写得真好：最是人间留不住，朱颜辞镜花辞树。

放下所有人了，柔软的易碎的自己就不见了，换上一副坚硬面孔穿过情侣簇拥的街头，读悲情小说再也挤不出一滴眼泪。去 KTV 唱情歌没有任何指向性，用颤音唱着虐心的歌词，脑子里想象不出任何人的脸。

回忆失焦，心事空荡。

追溯不清是从哪一刻放下的，灰尘蒙盖掉所有逃脱的脚印。曾以为放下每个人都是一场仪式，比如删掉所有照片短信，比如拥抱过后郑重话别。

没想到，匆匆忙忙的，他们都不见了，像夏天茶几上蒸腾的水。

这样也好。

放下故人，就是放下所有脆弱，放下软肋。从今往后，没有哪曲调子让你落泪，没有哪处风景让你感慨物是人非，你成了孤单傍身又刀枪不入的侠。

旁人羡慕你心无羁绊剑走他方，你笑笑，却想起那年凄迷的月光。

最好的状态，是天各一方，两两相忘

认识他，缘于在网上看他的文章。他写故乡，清新又忧伤，像旧人干一碗苦酒，唱一曲民谣。他给我写过一些书信，文笔太好，洗练又深沉。

分开很久以后，遇到阴仄的下雨天，我会把信掏出来读上一遍。不为怀故，只是应景。

分手后我们还保持联系，有次他说好像生了什么瘤，把我吓坏了，甚至想赶紧带一捆书和他喜欢的酸奶，去几百公里以外瞧瞧他。

不了了之。

他不知怎么把我拉黑了。但我把他留在星标好友里，隔段时间看到他换一次头像，有时是书房里一盏孤灯，有时是青草地里一头黄牛，或者一枚印章，一双布鞋。

还是没变。

时过一年，有一天突然又能看到他的朋友圈。

我傻傻地问他："为什么拉黑我？"

他说："大概曾想起什么心悸的事情吧。"

是吧，那就这样了，不然我还想得到什么答案呢？

我像沙漠中的旅人一头扎进淡水中一样，贪婪地翻着他的朋友圈。

一口气在他那儿恶补了不少诗词，他拍一株植物，也得写上："上山采蘼芜，下山逢故夫。长跪问故夫，新人复何如。"

下一场大雨，他说："今日雨大如豆，击肉如箸，伞骨欲折，手足并乱，惶惶欲南渡。"

从没觉得这矫情，这就是他。

他从体制内辞职，进媒体，又赴京创业，失败后回归体制，现在有不少闲暇时间用来读书，像以前一样，手抄《资治通鉴》。

他一直想把那些故乡风物志整理出书，多年未果，已经搁浅。

他说："看你这些年过得蛮好，热热闹闹。"

我说："你还不是一样，青山不改。"

我们的性情交集越来越少，他松间采露，读史怀古。而我著文出书，偶尔还写鸡汤，野心勃勃。

我为他现在悠然自得的生活高兴，也为他的起伏波折遗憾，他同样也知道我经久摸爬的辛酸。

一笑释然。

像他说，活着活着，就没有不甘心了。

什么叫让前任后悔？

是光鲜的你突然出现在他面前让他不可企及吗？还是让他懊恼当初没抓住你这只潜力股？

你的努力，你的不甘，你的蜕变，都只为你自己。

最欣慰的，是彼此毫无挂念，却心怀祝福，任他赴红楼，我奔西游。

唯一后悔的，是当初没多体会他的种种好。比如没多通读他几篇文章，没多收藏几眼他俊俏的模样。

最好的状态，是天各一方，心若止水，却在沉默中互诉衷肠，两两相忘。

不会聊天的人
不许谈恋爱

在餐厅、咖啡馆这类场所，有时免不了要等人，这时观察四周，会发现一个有趣的现象。

很多情侣或者夫妻在一起吃饭喝茶，气氛多半是沉默的。等待上菜的间隙，各自捧起手机摆弄，或干脆发呆，然后动筷吃饭，或者给彼此夹菜，说些不咸不淡的话，比如“多吃点”。

也会看到一些赏心悦目的就餐拍档。眉眼之间，火花闪现，一人讲话，一人托着下巴陶醉地听，然后一起动筷子。长长的话慢慢说，甜羹淡饭不知不觉入了肚。

这样的画面真的太少。

其实，最终让一段感情陷入寡淡的，不是所谓的新鲜感尽失，而是双方相处时搜肠刮肚也无话可说。

要么双方的工作与兴趣完全不在一个领域，他在红楼，你在西游，就像异地恋，榨果汁一般榨干彼此的人生经历，就再也无法开疆拓土。

要么彼此不读书不看报不输入，生活单调乏味，脑中空白如纸。

所以过了热恋期，讲尽了酝酿好的情话，恋爱就变得越来越艰涩。

《奇葩说》有期话题是“婚前要不要啪啪啪”，“矮大紧”总结陈词时，说了这么一番话，我实在不敢苟同。

他说，除非两个人都是博士生的水准才能靠精神交流取得愉悦，普通人所有的约会都是前戏，只为了最后上床。

真心不是这样。

两个人文化水平都不高，就无话可聊了吗？我哥喜欢看秒拍，里面有一对东北夫妻，男人大金链子，女人大皮貂，极尽生野粗俗。但两人一唱一和，你说我逗，无时无刻不在讲段子，不在逗趣对方，永远不会无聊，愉悦得羡煞旁人。

这就是情投意合。

有次坐飞机，旁边坐着一对看似五十多岁的夫妻，两人在大聊尼采和叔本华，你一言我一语，虽有争执，但目光里全是享受。

还有次遇到一对年轻情侣，两人就“如果中了一千万该怎么花”

这一重大问题探讨了一路，有趣极了。

这就是我想要的恋爱吧，聊诗词歌赋人生哲学也好，聊吃喝玩乐也罢，永远都有互动。

如果总有话可说，就算你几十年依然面对那一张脸，也永远不会乏味于跟他聊天，你们讲国际政治形势，讲存在主义作家，讲彼此新看的电影和小说，讲他写的诗，讲你对咸豆腐脑的看法……聊天就是分享，分享永远都会有新鲜感。

希区柯克的老婆阿尔玛讲了句特别感动我的话："在一起那么多年，我的丈夫从未让我觉得无聊，我相信不会有很多女人敢这么说。"

相处不无聊，这就是我将来找男朋友的首要标准。

因为肉体或物质去爱一个人，真的会很痛苦。两人相处时总不可能一直抚摩对方的皮肤，亲吻的眼睛，把玩欣赏对方的身体。也不能一直买华裳名包，两人永远奔赴在刷卡的路上。

情侣总要肩并肩躺在床上，消磨一段睡前时光，相顾无言不知从何聊起的感觉太难堪了。

就算你们去威尼斯划船，去北极看极光，去最美的湖畔赏月，看着世上最美的景观却无法用语言交流感受，只能沉默散步，岂不焚琴煮鹤。

两人约会，吃遍珍馐美馔总会乏味，看完电影总要散场，其实约会的本质就是沟通。以后你们要面对的最漫长的游戏，就是赤条条地相处，用言语吸引对方，靠交流去构建你们二人之间的奇妙场域。一个真正的爱人，就是能和你言无不尽而意犹未尽的人。

多一点真诚，也多一点套路

我闺密江小花和她男朋友老马嚷着要分手。

还是我介绍他们俩在一起的，老马也是我的好朋友，人踏实善良，对感情绝对专一，就是适合细水长流的那种，而且长得也帅。

江小花的前男友花心玩劈腿，她刚从上一段感情的阴影里走出来，发誓今后对男朋友唯一的要求，就是专一。

两人一拍即合。

波澜不惊地相处了大半年，我本以为两人的关系十分稳定了，经常打趣他们说要不要毕业就结婚，没想到突然有了变数。

江小花说："我根本就感受不到他的爱。他只顾埋头看书，我穿着新裙子在他面前晃，他即便瞥我一眼，也一句赞美的话都不说；

上街他从不主动牵我的手，有时我主动牵他，他的手还软弱无力的，好像特不情愿；他从不给我拧水瓶，喝饮料时也不帮我打开插吸管；我跟他分享最新看到的八卦，他每次都不耐烦，连个‘嗯’都不回我……”

老马也一脸怨气：“不是说，‘少一点套路，多一点真诚，这世界充满爱’吗？我跟她在一起之后，根本没有正眼看过别的女生，我都这么爱她了，干吗拘泥于那些套路式的细节呢？瓶盖她又不是拧不动，她也知道我审美无能，就算我骗她说新裙子好看又有什么意义呢？我谈恋爱绝对不用套路，这是我的原则。”

之前看《奇葩说》，黄执中和马薇薇的一次交锋让我印象特别深。

黄执中说：“原则就是用来坚守的，原则是让灵魂别具一格的所在。”

马薇薇说：“原则在爱情里，就是用来打破的。正是你愿意为我颠覆原则，愿意用与众不同的方式对待我，这才是爱我。”

“我今天吃药的时候看了一则新闻”，这个小测试火的时候我身边好多姑娘都在玩。这句话本身就是个刁蛮的陷阱，心智正常的姑娘当然不会因为你答错了这道题就要跟你分手，而我们为什么乐此不疲呢，因为大多数女生在感情里都缺乏安全感，希望一直能确保，自己是被爱着的。就像茫茫大海上航行的帆船，内心孤独不安，要有灯塔温暖厚朴的光芒追随，才有底气与勇气继续前行。

敏感有时是铠甲，有时也是软肋。但软肋的存在，也是因为爱啊。

没错，有时我们女生要的就是套路式的关怀。其实我们在意的不是“你的新裙子真好看”本身，也不是矫情得非要你帮忙插吸管，是希望生活里的一招一式，方寸之间，都能有爱的表达。

纵使你不能真的理解我们的裙子好看在哪儿，纵使你审美无能，我们仍然希望你能哄我们开心，因为藏在心里的爱太朦胧虚幻无处可寻，我们需要爱的证据。

老马愤愤说：“可是这些我也并不擅长啊。”

我说：“那你可以去学啊。”

老马又一次瞪大眼睛表示不解：“谈恋爱怎么还可以学呢，那不就不真诚了吗？你难道要我跟着 PUA（泡学教练）走那种套路泡妞吗？”

老马的心态也代表很多男生吧，他们认为男女相处就应该顺其自然，专门习得的“技巧”就是不真诚，就是“套路”。

很多男生很排斥“技巧”这个词，甚至把它妖魔化了。其实除了恋爱，就连人际交往中的沟通，也是需要技巧的啊。

其实这跟虚伪无关，只是能帮你尽快进入女生的世界。去学习如何和女生相处，并非速成一套浮夸的手段，只是让你能设身处地为对方着想，站在她的角度思考问题，她来大姨妈时不再用“喝热水”来敷衍，而是体谅。

知乎上广为流传的恋爱优质答案不胜枚举，比如“如何成为一名优秀的男朋友”“如何哄女朋友开心”“如何维护长期的恋爱关系”……我想象着，那么多男生趴在电脑前小心翼翼读这些答案，暗暗决定要成为更优秀的男朋友的样子。

这么做的动机，都是因为爱啊。

我喜欢你顺手接过我拎的东西，帮我开车门，偶尔送花给我，夸我的新发型，日复一日说情话，倾听我的生活……

因为，只有你真诚爱我，才愿意用所谓的“套路”取悦我啊。

喜欢你，
但与你无关

那天有人问我：“喜欢上一个不喜欢自己的人，是什么感觉？”

讲讲我的故事吧。你可能会在故事里，看到你自己。

故事里的自己，像顾城写的：“小巷，又弯又长，没有门，没有窗。我拿把旧钥匙，敲着厚厚的墙。”

他是大我几届的学长，之前仅有过匆匆几面之缘。

秋天到了，复旦光华楼草坪前的夏天迟迟不肯离去。夜晚我骑车经过，看着草地上滚来滚去的孩子们，有些妒羡。回头，突然撞见他。

穿红格子衬衣的他在低头摆弄手机，光屏照亮他的娃娃脸，还有那双眼睛，让我想到外婆蒸的馒头上插的大红枣，亮晶晶，香喷喷。

其实，我更想俗气地说，他好帅。

坐在台阶上聊了会儿天。明明长一张小鲜肉脸，却拿一副老学长的语气说话。聊大学四年规划，聊他在复旦的恋爱史，云淡风轻地提起他屌炸天的创业往事。语速堪比爆米花机，而且多线程作业，竟然边聊天边低头回了好几封工作邮件！

十几分钟后，他接到电话匆匆离去。

“相信我，过几年你会优秀得让人遥不可及。”末了，他竟拍着我的肩膀来了句丧心病狂的语重心长。

后来我才知道，他是上帝派给我的馊鸡汤大厨。

按计划本该去健身的，我却一个人在台阶上坐到深夜。

大概草地上孩子们的笑声太热闹，大概他的衬衣刚好撞上我喜欢的颜色，大概我的心刚好被秋风吹皱了一块边角，大概真的只是他太帅了。坐在台阶上，我依然在刚才那番平淡无奇的对话里游荡，闭上眼睛，黑暗中全是他的脸。

我向来雷厉风行，第二天发短信跟他表白。

悲哀的是，他连拒绝都不屑，只把我当成没心没肺的小丫头，回了句，“别闹”。

软磨硬泡。一周后，他终于答应在咖啡馆见个面。

这是我唯一的机会。把衣柜里的裙子全扔在床上，不行，这个太素，那个又太露，换好裙子发型又乱掉。他本来就不高，我是不是该穿平底鞋？如果往鼻子上打高光和阴影，被他看到会不会不好?

终于到了咖啡馆，他说：“临时开会，晚一点到。”

等他。

挑了最佳位置，刘海别在耳朵上，这样他进来刚好能看到我更瘦的那边侧脸。掏出kindle看书，故意选了凯文·凯利的《失控》，虽然俗套，但毕竟是他在做的领域，如果他问我在读什么，答得也体面些。把唇上的裸色口红擦去，换成夸张的大姨妈红，想想又觉得不妥，又拿纸巾蘸水狠狠擦掉。

心跳，怦，怦，怦。千万种情绪在发酵。尴尬，无助，焦虑，纠结。想逃避，也想强吻他，觉得自己好蠢，又佩服自己的勇敢。

终于他来了。

坐在我对面，飞快抛出一句“对不起，等我一下”，便开始没完没了地回复微信语音，没有看我一眼。他那么匆忙，像在光纤电缆上飞速前进的粒子，我悲哀地想，我快要溢出来的喜欢，在他那里，只是打扰。他急匆匆地来，赶紧把我打发掉，在他的行程上打一个小勾，就算完成任务。

讲完语音，他有点不耐烦地看着我，一副“有话快说”的表情。反复练习好的话，突然碎落在肚里。

终于把话磕磕绊绊说出口。大意是，这些天你在我的世界里出现又消失了一万遍，我很久没有过这样的感觉，能不能给我一次机会?

他听完，又眨眼睛给我灌冷鸡汤：“你不是要找最好的人，而是要找最适合的人。而我真的不是。”

呵呵，顺带把自己给夸了。

我不甘心，继续软硬兼施，玩撒娇，玩激将法，扮可怜。玩到一半，他又被一通工作电话叫回去。“你先回去吧。”他无奈苦笑。

送我去地铁站，我扯着他的衣领不想放下，他松开我的手，在我额头上轻轻吻了一下。

像被滚烫的小火星烧灼，从此有了灼痕。像通透的玉石被人触摸，从此有了灵气。像被驯服的小狐狸，从此有了牵念。

后来，整整半年我们都没有见面。额头上那个吻，竟然支撑起整个冬天，让我在一个人的感情里，没有倦怠，没有冬眠。

他朋友圈屏蔽了我，因为“怕被共同的熟人看到，怕你胡闹”。我每隔十多天就忍不住给他发一条消息，大多乏味而矫情。比如“好想你，你在干吗”，他飞快回我一句“working”，让我不知如何聊下去。

像全副武装的战士，视死如归要出发，却根本不知道战争来临的方向。

该怎么追他呢？我们并不在一个圈子，没有交集，更没什么共同的朋友。总不见得无聊到挨个儿认识他的同事和好友吧。

该怎么和他聊天呢？我喜欢的小说和回忆录，对他来说是另一个星球的东西。

唯一能做的，只有想他。电影里的男主角都有他的影子，每一句歌词叙说的都是他，不管吃到什么口味的食物，想的都是额头上那个吻的味道。

曾经是多么骄傲的人，却为他低到尘埃里。可是啊，无论哪种姿态，骄傲或者卑微，他都看不到，也不屑看到。

爱情里最让人成长的，就是喜欢上一个不喜欢自己的人吧。

我曾在半年里收到一个男孩子的上百封信，读完，感动片刻，随手塞进柜子里。终于轮到自己写，不知反复删减多少次，才能给他写出一句完整的话。写好后跑去翻柜子，看着成堆的信，好像终于读懂当年男孩的心。

曾经拒绝一个男生，云淡风轻地跟他说“做朋友多好”。但男生马上拉黑我微信，隔几日又加回来和我打招呼，然后又拉黑，加回，如此反复……我实在受不了这番幼稚，索性主动把他拉黑。终于轮到自己，每天夜里点开他的头像，回味寥寥几句聊天记录，看着他空空如也的朋友圈，辗转反侧，心乱如麻。想着如果拉黑他，就能放下吧。但是，坚持容易，放弃好难。终于体会到当年男生拉黑我时的心情。

学会换位思考，对曾经喜欢我的人，又多了一份感激和尊敬。

因为喜欢上一个不喜欢自己的人，是太苦涩的甜蜜啊。

喜欢上一个不喜欢自己的人，懂了“喜欢你，但与你无关”究竟是怎么回事。走进一座迷宫，无论碰壁还是顺畅直行，从头到尾都是一个人的事。每天都在纠结，想走慢一点，又想早日走向解脱的终点。终点没有鲜花与掌声，只有一阵穿透我的飓风。从始至终，都是一个人。

极端敏感，无限自我放大，时常觉得自己是最伟大的圣人，亦是最卑微的小丑。

——看，你对我无动于衷，我仍不放弃你。

——看，你都对我无动于衷了，我还是放弃不了你。

放弃，是因为再见到他——

半年后，他突然说要请我吃饭，说要“看望一下小学妹”。

这一次，我没化精致的妆，也没换十几套裙子，只是放下筷子，顶着一身火锅味儿去找他。

路上大概跑太快，心跳还是不太正常。直到见了穿冲锋衣背着双肩包的他，扑哧一笑，再也没了紧张。

我跷着腿托着下巴，吐槽他的发型难看，吐槽他吃相不雅，吐槽他的新 O2O 项目太不靠谱。然后又换了只腿重新跷，跟他聊我的新书、我最近采访的人，顺便吹嘘接下来的宏大自我改造计划。

与半年前紧张的自己判若两人。我以为自己是装的，装狂放，装没心没肺，故意叫嚣给他看，“老娘已经放下你了”。

其实，是真的。

他嘿嘿地笑，哧溜吸着面条说：“你只负责精彩，老天自有安排。”

又灌给我一勺馊鸡汤。

大概酒酣兴至，他向我坦白：“其实半年前没接受你，是因为总想追回前女友。”

我一把夺过他手机，想见识他前女友是何方神圣。他点开相册，我看到一个平胸碎花裙厚底眼镜朝屏幕傻笑的小妹妹。

“输得心服口服了。”我龇牙咧嘴朝他笑。

其实不甘心呀，比起她，我哪里配不上你呢？

不过，都过去了。

那顿饭吃得很开心，大概因为我又回到了本真状态，插科打诨不要脸。

他打车送我回学校。车子飞驶在高架上，大厦的亮光好像就在触手可及的眼前，美极了。我们淡淡地聊着彼此的失败与伟大，他突然拍我肩膀，认真问我：“你当时到底喜欢我什么？”

孤独的日日夜夜一闪而过。不甘心的日日夜夜一闪而过。想念他的日日夜夜一闪而过。

那些日日夜夜冲进眼眶，马上要化成眼泪。

我忍住了，笑嘻嘻地跟他说：“因为你帅啊。”

“傻丫头。”

几个月前，如果我有机会跟他坐在同一辆车里穿过城市漫长的高架，我一定会牵住他的手，或者抱住他，告诉他：“我喜欢你，喜欢得希望路途没有尽头，你我就这样老去。”

而现在我只想静静倚在车窗上，看着城市为我搭下的繁华布景，细数心里的冷清。

回家，发现他朋友圈对我解除屏蔽，里面花花绿绿的，可我再也没有兴致翻下去。健身，洗澡，上床刷知乎，闭眼睡觉。

没有想他。

怎么就放下了呢？大概刚才意面吃起来太油腻，大概他的冲锋衣太难看，大概今天的微风没有掺杂多巴胺。

到底喜欢他什么？

早慧，有理想、有抱负，成功的创业者，聪明干练，温柔绅士，颜值高……这些都不是主要原因。

只是因为那天在光华楼前，撞见他那双如红枣一般的眼睛。

喜欢上一个不喜欢自己的人，你会知道，爱是多复杂、又多简单的东西。

你是否
还会想念
那个离开的人

小鹿的前男友是三年前去世的。

晚上她给我打电话，说“能不能到我家里来一趟”，声音平静如海。

我赶到了，发现她一个人坐在客厅地板上，赤脚，抱着膝盖。周围是几个纸箱，好像刚刚打包好，剪刀就在旁边，手上还缠着一截胶带。

我住在杨浦，她在闵行，平时不太有时间见面。这三年里，我每隔三个月去她住的地方找她一次。三年里她房子里所有的摆设都没变，洗手间里摆着两支牙刷、两条毛巾，床上放着双人枕头，床头有一本翻开的绘本。

她跟男朋友并不在一个城市，算上墓碑前的那一次，他们一生见过六次面。

他来上海出差，工作之后路过一家咖啡馆，走进去看了会儿书。小鹿坐在他对面写东西，发呆的时候，他突然闯进她的视线里。

她都没在意他的脸，只是听到书页好听的摩擦声，看到他修长的手指和干净的指甲，让她想到小时候去山上采摘的脆笋。

她是个说话轻声细语，连走路不小心和行人对视都要脸红半天的姑娘。那天她深吸一口气，合上电脑，找他借了一张纸和一支笔，在他面前写下自己的微信号递给他。

他看了一下，合上书，说："不如直接去散步吧。"

她心狂跳不止。

走到外滩，他聊十里洋场的历史，聊上海青帮的往事，仿佛他是导游，她是突入城市的外来客。小鹿那时才看清他的脸，单眼皮，唇齿干净，右眉毛上有块疤。

这个细节，小鹿每次见面都要跟我讲一次，讲到最后，她抓住我的手哭着问："我有没有回忆错？细节和上次讲的有偏差吗？"她能记起和他有关的画面就那么多，她像个贪婪的守财奴，害怕任何一点回忆像沙子一样从指缝间漏出去。

那几天他住在小鹿的公寓里，两人形影不离，正好我和小鹿要聊稿子的事，跟他也见过几次面。看得出他真的很爱小鹿，有人说看两人之间是否深爱，就看他们拥抱时的表情，因为拥抱时彼此的脸是看不见的，那时的幸福才真切。

他又专程来看过她几次，带着花蛤和扇贝，带着北方沿海城市清新又凛冽的风。后来两人就维持着奇妙的异地恋，每天手机聊天聊不完，他每天都有礼物快递给她，而她睡前专门给他写一个故事。

第五次见面，小鹿主动搭长途汽车，去他的沿海城市。

他带她去城郊一处废墟，指着烂掉的滑梯说，那是他小时候的幼儿园。去他的小学和中学，他曾经练钢琴的少年宫，追姑娘的沙滩公园，再后来，路过一家冰激凌店。

他突然停住，舔了舔嘴唇。

她以为是他想吃冰激凌了，笑眯眯地拉住他的手往里走，他却转身把她带到一个角落里。

他指着冰激凌店里的一对母子向她坦承，他有老婆和孩子，但已经在协议离婚阶段，原本想搞定一切再告诉她，然后去上海和她一起生活。

这个消息对她造成了毁灭性打击，当你已经认定一个人，想跟他执手一生，这时他的一点点欺骗，你都是无法容忍的。

小鹿当即甩开他的手，拦下一辆出租车，连酒店的行李都没取，直接逃离这座城市。回家后她一直攥着手机等待他发来消息，虽然生着闷气，但她一直期待他打过来，她在等待一个解释。

他却一直没有消息，她想主动联系他，又要守住面子。她越来越想他，在心里慢慢妥协着，只要他来找她，她一切都不计较。

小鹿始终没能等来消息，直到看到他老婆用他的微信发朋友圈说，他车祸去世了。

她的世界突然白茫茫一片。

她试着给他老婆留言，留了一年，说是他生前好友，想去见见他，但没有回音。

一整个星期她把自己囚禁在床上，只喜欢睡觉和做梦，那是唯一能见到他的方式。

我是小鹿为数不多的朋友中，唯一知道他存在的人。

我记得特别清楚，三年前那天我正在厨房做饭，小鹿打电话过来，言简意赅地跟我说了三个字：“他死了。”

我“啊”了一声，一滴油正好溅到胳膊上。我是疤痕体质，烫出的伤疤至今还在。

我跟小鹿的关系原本没有那么亲密，这件事像一条纽带，让我们俩分享世界上独一无二的秘密。他出事之后，我坐漫长的地铁一号线去闵行看她，她躲在客厅两个小沙发的缝隙之间，头发黏糊糊地贴在脸上，地上一团一团卫生纸，之前我只在电影里看到过这样的失恋的女主角。她像吸盘一样瘫在地上，我拉着她软绵绵的胳膊，拉不动她，索性就在原地抱住她。我不知道该说什么话，说“一切都会过去”还是“我能理解你的感受”呢？

我什么都没说，陪着她一起掉泪。

不知道从什么时候开始，我们俩之间有了默契。每隔一段日子，我像固定旅行那样背着装有睡衣、充电器和各种日用品的包，坐两个小时地铁去闵行陪她，聊他的故事。那种感觉，就像两个人参加的悼念仪式。

我见过他三面，每次小鹿都要我反反复复讲出对他的印象。

“再讲一遍那天晚上发生的事吧，求你了。”小鹿拽着我的胳膊。

“那天正好你们俩在我家附近吃饭，晚上就约我出来聊稿子的事，聊完斗地主。我对他第一印象很好啊，很绅士，眼睛很亮，打牌时又会算计。你上厕所的时候，他偷偷和我说，你睡觉喜欢打呼，哈哈。”

“他还说什么了？”她追问。

这次我来之前已经写好提纲，丰富了各种细节，保证不让她失望，甚至聊到那天打牌他分别是按什么套路赢的。

在她身上我发现，爱情里最残酷的不是默默地暗恋，不是爱上不喜欢自己的人，不是有情人不能终成眷属，而是深爱彼此的两人之一，突然从这个世界上消失了。

时间残酷地停留在两人相爱的那一刻，好像他给她发“晚安，想你”的短信还在上一秒。他去世的第二天，他生前给她买的精装书刚送到。

他去世的第二年，她在浴室洗澡忘记拿洗面奶，突然想到那一次，她喊他的名字，他就温柔地把洗面奶递过来，再在淋浴下给她一个湿漉漉的吻。

她是写书的，第一年她取消了所有出版计划，几乎没有出过门。她在家一部接一部地看爱情悲剧电影，但是最后发现没有人比她更惨。后来她建了一个新的微信号，每天晚上给他发消息，告诉他今天写了什么文章，做了什么菜，见过什么人。

她不想认识新朋友，不想生活中有任何变动，不想改变房间的陈设，害怕久而久之就把他忘了。她始终没有走出来。说实话，后来我去到她家，同理心越来越少，我甚至有点想不明白，这么长时间过去了，再锋利的酒瓶子都会被海水磨成鹅卵石，她会不会太作了？

我终于把坐在纸箱中间的小鹿拉起来。晚上的风像薄荷一样，我跟她两个人洗完澡，披着毯子拖一瓶啤酒在小区凉亭里聊天，头发湿漉漉的，满身花露水味儿。他去世三年了，而她新书卖得很好，正在被好几个多金的读者追求。她气色好了很多，我们聊起三年前那段故事，倒像两个庆祝节日的小朋友。

我们捧着 iPad，一起看了《黑镜》其中一集，女主角怀着孕，可是她的男朋友去世了。有一个智能系统，根据他的名字在互联网上可以找到这个人的所有资料：在 Facebook、Twitter 上的状态留言，YouTube 上的视频，Instagram 上的照片，分析之后可以生成一个虚拟人，通过网络同你交流，甚至在收集足够的声音样本后，还能实时地同你聊天，声音、语气跟真人一模一样。

小鹿说，以前她也很想复刻一个男友，现在终于发现，最艰难的三年已经过去了。

看完电影回到客厅，纸箱里装着他当初送给小鹿的所有礼物，小鹿站起身整理好衣角，淡淡地说：“这些我准备丢掉了。”

“我要带着他的照片出去旅行，或许到了某个地方，我就会把这张照片放下。”

我指着天上，说：“你看，今晚的月亮多圆。”

“是啊，像剪纸一样贴在天上。”

你要的爱，永远都在

/ 1 /

我一个朋友，我们私下叫她张小花。大四的时候，因为浏览网页被室友发现，险些得抑郁症。

别想多了，她上的不是黄色网站。

那天在自习室，论文写累了，她点开一个同城交友网站，想在上面发帖，看能否遇到合适的人。刚把“择偶标准”那栏写完，旁边的室友探过头来，瞥到了页面。

“啊，你竟然在网上找男朋友！”室友当即尖叫，声音回荡在整个自习室。

她在艺术院系读书，周围男生都不是她喜欢的类型，她偏爱老实稳重的理工男，只好在网上扩大搜索范围。

消息很快发酵，那一天，好多同学都知道了播音系的张某某，在网上交友。

大部分人一笑置之，而她没想到会听到少数粗鄙恶劣的声音。有人说她心思活络，说她花心，说她放荡不检点。

她想不通在网上找男朋友有什么错，她只是想让真爱快一点降临。

/ 2 /

他是程序员，二十九岁了还没谈过恋爱，亲戚朋友都替他急坏了，一直劝他上某合某佳缘，父母恨不得亲自揣着他的照片奔赴相亲角。

程序员咬紧牙关，对此十分抵触，无视所有朋友的盛情，也义正词严地拒绝了三姑四婶儿们的热心。他的理由听似合情又合理——永恒的爱人一定是在前进的道路上自然而然走在一起的，志同道合，并肩作战，这样的“战友情谊”才最为坚贞。而不是在天下广撒网，拿着磁铁生硬地找寻适合他的金属。

他坚信自己能在工作环境中遇到对的人。问题是，他是程序员啊，他那个部门，甚至整个公司都没有几个女生。真是道路漫长，遥遥无期。

/ 3 /

有个朋友约这个程序员出来喝酒，他出来后才发现，这是个交友派对，单身太久，冷暖自知，他也是渴望爱的，却偏偏插着口袋冷眼睥睨着人群说：“这些人真无聊，真 low。”

朋友笑了笑，知道他傲娇，把他介绍给各种女生。他终于在半推半就中，走出了自己的“舒适区”。

而就是在这个派对里，这个程序员遇到了我那个艺术院校的朋友张小花，两人一见钟情。

现在他们已经结婚了，程序员常感慨，如果没迈出那一步，不可能遇到这个对的人。

这个程序员的微信签名档上写“且以深情共白头”，哈哈，真够矫情。

/ 4 /

这个故事是真的，他们已经结婚两年了。

我一直感觉，国人谈及婚恋时总是扭捏傲娇的，不管参加派对还是相亲，大部分人都很羞怯甚至抵触。

当然，有些人享受单身状态，有些人希望顺其自然。还有些人，明明迫切渴望一份真爱，却一面刷着关于单身狗的段子，自我垂怜，叹息“无人与我立黄昏，无人问我粥可温”，一面不敢勇敢迈出一步寻找爱人，走出舒适区，探索更多可能性。

/ 5 /

我有个闺密空窗了一年多，一直想谈恋爱，我建议她去网上找男朋友试试看，她瞪大眼睛不可思议地看着我：“网友怎么会靠谱呢！”

唉，这都什么时代了，还有哪门子“网友”。当年聊 QQ 时是完全的匿名交友时代，两个未曾谋面不知底细的朋友互相扯淡日久生情，称为网恋。

现在呢，网络交友几乎都实名制，大家的信息一目了然，真实社会跟网络是接轨的。网络只是两人认识的途径，之后一切接触都是线下，你面对的是一个活生生的人，跟现实相亲有何区别呢，唯一缺少的只是朋友的搭线。

写到这里，我内心突然又柔软了一下，想到了曾经在网络上认识的朋友，他们中的一些，甚至成了我一生难以割舍的挚友。

/ 6 /

说到相亲，想到一个故事。有个朋友结婚了，他骄傲地跟我们说，妻子是相亲遇到的，而且对方相了五十次亲，终于在第五十一次遇到了情投意合的他。

当时有人口无遮拦说：“相了五十多次亲的姑娘，你也敢娶？”

气氛颇为尴尬。我在心里却很想为这个姑娘鼓掌，甚至为她感动。

为何相亲次数多就要受到鄙薄呢？我想，越坚持，就越勇敢，越明确自己内心的目标吧。每个人都有追求幸福的权利，她是个百折不挠的勇士。

/ 7 /

其实，那个对的人永远都在等你，等着给你一个拥抱，等着为你拭去泪水，等着用生命包容生命，等着和你依偎在一起，迎接日升日落，月圆月缺。

只是此时此刻，你们都躲在人群中，没有看到彼此，兀自寂寞着。

如果你是我这样的，暂时没空谈恋爱并享受单身状态，哈哈，那很好。但假如，你真的渴望一份感情，那就不要让扭捏取代主动，不要让缺憾代替圆满。

张爱玲散文《爱》里的那段话特别美——于千万人之中遇见你所遇见的人，于千万年之中时间的无涯的荒野里，没有早一步，也没有晚一步，正巧赶上了，那也没有什么别的可说，唯有轻轻问一句："哦，你也在这里吗？"

我想，你或许需要站得高一点，去他能看到你的地方。

或者即刻出发，去找他，不要等。

今 天 以 后 ， 人 生 无 数 可 能

Chapter 5.

故事的结局不会写在开头

他不喜欢你，你就放下他吧

/1/

我不是故意要认识老徐的。

那天去小湘菜馆吃饭，菜单翻了好几遍一直没服务员过来，我开始左顾右盼。发现有个服务员刚打碎几个杯子，被老板训了一顿，蹲在地上哭得捶胸顿足，让人看着都揪心。

我用词真的不夸张，她就是在那儿一边捶胸一边顿足。

又叫了一遍“服务员麻烦点单”，这个蹲在地上的姑娘突然站起来，迅速擤一把鼻涕，用两管袖子抹一把脸，微笑着走过来：“请问您要点些什么呢？”

才过了几秒钟，心酸和委屈就都藏起来了，好像什么都没发生。当时我就震惊了，天底下还有这么坚韧的姑娘。

震惊之后也没多想，只是掏出笔把这一幕记在小本本上，想着兴许能当写作素材。

本来到这儿也就没交集了，直到我发现录音笔落在店里，已经大半夜，等我过去，那家店已经打烊，整条街暗成灰色。她一个人站在门口，一边踢空可乐瓶，一边大声唱梁静茹的歌，手里握着我的录音笔。

大冬天的，空气冰得带刺，她嘴巴像个小喷壶一样嗖嗖冒气。拿完东西我挺内疚的，试探着问她要不要一起吃火锅。

“好啊好啊，我最爱吃火锅了。”

她一点也没和我客气。

这家深夜火锅店还有歌手驻唱，在“艾瑞巴蒂让我看到你们的双手”这种诡异气氛下，大家热火朝天地涮羊肉。老徐看上去比一般人还要忙，一边涮肉吃肉，一边含混地跟着唱歌，身体来回摇摆，差点从高脚椅子上掉下去。

“唉，这首歌戳中我了……唉，这首歌让我想起了辛酸往事……唉，早知道伤心总是难免的，你又何苦一往情深……”

老徐那会儿刚失恋，我终于知道，失恋的人不能听歌，什么也不能听。

每首歌写的都是自己。

失恋的人都是饥荒鬼，什么样的歌都能细细咀嚼，一口咽下，酿出自己的苦水。

/2/

后来跟老徐成了好朋友。有的姑娘像栀子花玫瑰花，有的姑娘像含羞草狗尾巴草，老徐什么花花草草都不像，像一种邪恶的蔬菜叫黄瓜，刚洗过还带着水珠，生脆，直接，带劲。

为了晚上常和老徐耍在一起，我在对街一个小买手店找了份工作，客人不多，坐在里面看小说等她下班。

然后她脱下脏兮兮的工作服，换条小黑裙，再化个妆，我们就在新天地或者淮海路四处溜达，遇到没去过的酒吧就钻进去。她猴儿急地想往里蹿，我一把揪住她，从头发闻到腋下，发现还是一股挥之不去的劣质香烟和后厨油烟味儿，只好按住她从头到脚给她喷香水。

别的姑娘都两眼放光扫帅哥，老徐进 club 只盯着姑娘看，目标就是那种欧式双眼皮，内眼角快开到鼻梁边上，山根笔挺和尖下巴的姑娘。

“喂，玮玮，看那女的，卧蚕打那么厚，像不像两条长棍面包？”

“喂，玮玮，看那女的，鼻子都通天了，像阿凡达不？”

我想说老徐进来瞅瞅是不收你钱，但也不带人身攻击的啊。我焦虑地一边喝酒一边听她舌灿莲花，心想大概是她工作压力太大，由她去吧。

有次老徐扯着嗓子吐槽，恰好震耳欲聋的音乐戛然而止，旁边的姑娘听出来老徐在骂她，直接走过来，把半杯长岛冰茶倒在老徐高跟鞋上。

“姑娘，你这眼角在哪儿开的啊？”老徐两脚一岔，一鼓作气还没示弱。

说完顿了顿，看出气氛不对，几个彪形大汉正往我们这儿靠，只好拉着我拔腿就跑。拨开人群跑到一条小巷，我俩扶着墙喘气。我有点恼火，天天这么玩，太不可理喻了。

老徐扶着墙开始哭，扔了高跟鞋哭，把鼻涕抹我袖子上哭，抱着自己的膝盖哭。

有句话说得真好，有的人嘴上那么毒，心里一定有很多苦。

/ 3 /

很多人刚分手时唯恐对方过得比自己好，所以在朋友圈花式晒幸福晒闺密圈，但老徐分手后的朋友圈里今天发打碎盘子，明天记错菜单，后天脚扭到肿得老高，而且天天被老板骂，赚的工资还不够扣的。

前男友虽然没给她评论也没点赞，但老徐说只要他看到她过得没他好，应该心里会爽。说到底老徐是愧疚。

直到前男友找了个网红女朋友，开着玛莎拉蒂从学校门口把他接走，老徐彻底不淡定了。上网一查，网红比老徐大六岁，一堆人在微博跪舔她，称她“女神”，她还开了一家网店，赚不少钱。去酒吧，因为在那儿遇到网红型美女的概率最高，老徐想发泄。但迫于我的淫威，老徐答应我，以后只许在大街上遛弯抒情缅怀过去，不能走极端。

但我低估了失恋者的敏感程度。他们的伤口还没结痂，脆弱得如同泡沫，把一切无限放大，任何事情都是往事的导火索，让他们瞬间失措。他们像一张惨兮兮的靶，现实中的一切都可能把他们射得百孔千疮。无论一首歌、一句话、一段路、一座建筑，还是一个表情，都能轻而易举击中他们，让他们想到过去，然后走向崩溃。

在街上遇到男孩蹲下来给女孩系鞋带，老徐看到之后，把头转过去，然后搂着我大哭。她想到和前男友在一起的时候，在学校人流最多的路上，她故意把鞋带踩开，前男友蹲下来系好，她又把鞋带踩开，两百米的路他一共蹲下去九次，路上还有一群人给他们起哄鼓掌，拍视频发朋友圈。

还能勾她想起别的往事。比如老徐规定他每隔一小时就要语音说六十秒不重复的情话，为此前男友把古往今来的情诗背了个遍。比如凌晨三点她做噩梦惊醒突然吵着要喝奶茶，他马上从床上跳起来，然后骑车好几公里买给她。

爱到能拍偶像剧的矫情程度了还能分手，真想不通。

我摸着老徐的头说：“没事的，我们还会找到更好的。”

老徐哭得更惨了。

/ 4 /

那时候老徐虽然不懂事，三天一小作，五天一大作，但前男友宠她宠得不像话，一个愿打，一个愿挨。

到老徐过生日前的一个月，前男友趴在她耳边问她要什么礼物，老徐回寝室刷淘宝三小时，把链接发给他，然后心满意足地上床睡觉。

生日那天早上前男友带着打包好的礼物在公寓门口等她，然后两人约好去欢乐谷玩。老徐手忙脚乱拆礼物，脸上的笑突然僵住。说好的单反套机呢？怎么变成拍立得了？

前男友看出她不开心，慌乱跟她解释。老徐直接把拍立得和包装纸一起往旁边垃圾桶里丢，混着眼泪边哭边骂他，大意是谈恋爱这么久，她也不舍得他花钱，两人出去从来没像样吃顿饭，没逛街买衣服，没让他送任何东西，去食堂吃饭看他老吃素菜她自己都不好意思多吃两块红烧肉。这都过生日了，礼物早就定好了，竟然都满足不了，太不像话了。说完一赌气，老徐说，不如分手吧。

正好有几个女生路过，笑嘻嘻地看着他们俩，小声嬉笑说："这就是学校最著名的作死情侣哦！"

男朋友大概被最后一根稻草压到极限了，攥着拳头扭头走了，半小时后给老徐发信息说，那就分手好了。

花一个月的时间周末坐两个小时地铁做家教，晚上到湘菜馆后厨打工，最后钱不够甚至站街发传单终于给她买了件礼物，十秒钟后，被她丢进垃圾桶。

老徐又心软了，但天蝎座打死不吃回头草，两人也就这么僵着。老徐为了惩罚自己也跑去那个湘菜馆打工，每天把自己搞得身心疲惫，直到前男友找了新女友。

/ 5 /

老徐不忍心失去一个曾经对她这么好的人，思前想后，决定放下天蝎座的尊严，主动做点什么。打工一个月，刨去七七八八被克扣的工资，拿到几百块钱买了飞利浦剃须刀，给前男友当生日礼物。

生日那天晚上我跟老徐一起躲在他公寓楼前的树下，老徐抱着礼物反复跟我对词，琢磨接下来要说什么。

每天晚上八点前男友下楼去学校报刊亭打工，老徐掐着表等。结果八点钟除了等来前男友，还等来四个大箱子，还有网红和那辆玛莎拉蒂。前男友从公寓搬出去和网红同居，两人在风中拥抱，然后笑逐颜开地携手迎接新生活。

凌乱的老徐把礼物丢在地上，咬紧嘴唇一言不发地把我拽走，小皮鞋踩得吭哧响。前男友看到了狼狈的我们俩，大声叫：“老徐。”

老徐停住了，沉思了几秒钟，像偶像剧慢镜头那样，缓缓转过头，发丝飘扬，眼睛闪亮。后来老徐说，她当时在想要不要趁这千载难逢的机会，直接把鞋脱了丢他脸上。

事实是，老徐像偶像剧慢镜头下的女主角一样跑过去，然后两人一把抱住。前男友趴在耳边连说几十个对不起，老徐的脸背对着他流泪。而他的网红女友在旁边刷手机，像阅尽沧桑的成年人看两个过家家的小屁孩一样，慈祥而宽容地看着他们俩。

“差不多得了，亲爱的，我们走吧。”网红像女王似的一招手，前男友放开老徐，屁颠屁颠地跑回去搬箱子。

那天我陪老徐喝了一晚上酒，老徐说要借机会清理一下肠子，等满肠思念和苦衷都吐出来，她就不爱了。她把几瓶健力士黑啤塞进包里，在学校门口找了根看上去最俊俏的电线杆，抱着它边喝边吐。

我拽她拽不动，想安慰她她让我闭嘴，想抱她她把我推开，搞得我实在无聊，只好一边拿大衣帮她挡住脸怕路过的同学认出来，一边拿手机看小说。

过了很久很久，把自己掏空的老徐说，她要忘记他了。我找纸巾给她擦泪，发现她根本没哭。

/ 6 /

老徐辞了餐馆的工作，继续忙她该做的正经事，穿着职业套装人模人样去外企实习。她遇到了新男友，交往一个星期后就送她一套单反。但老徐没有三更半夜让新男友给她买奶茶，也没有故意把自己的鞋带踩开。受了点情伤，吃了点社会的苦，老徐好像成熟多了。其实曾经的“作”也不是错，只是她更懂体谅了。

她和我说：“为什么他让我变得更好了，最后跟我在一起的反而不是他呢，太可惜。”

老徐想到曾经她要考线性代数，学文科的前男友硬是花几个通宵把教科书自学一遍然后陪她刷题。在通宵自习室，他悄悄跟她说：“我们会永远在一起。”

他曾那么笨拙而热烈地爱着她，一无所有又倾其所有。

/ 7 /

可错过就真的错过了。他爱怕了，爱不动了，所以找到可以用更舒服的姿势去爱的别人。

前男友给老徐发消息，说要出国读书，说打算跟女朋友定居在国外，说保重。

老徐也一个键一个键地按下“保重”。

像气球被一根刺扎破微不足道的小口，随着时间过去，气也会漏完的，感情就是这么微妙而残酷。

但没关系，可能爱情更伟大的意义并不是占有。总有一个人活在你的记忆里，你们最后没有在一起，但是他让你落泪之后野蛮成长，成为现在的模样。

他曾是你暖心的炉火，也是你遗憾的月光。

故事的结局
不会写在开头

万万没想到，周小芳竟然也有喜欢的人。

作为经常和猫抢粮食吃，饿了连板蓝根都可以冲着喝的吃货，之前她一直宣布单方面嫁给了培根。因为这个早已作古的男人不仅跟某种肉类重名，还说过“芝士就是力量”。

但她生日前一晚我们去校门口撸串，她把脸趴在油腻腻的小桌上，亲口告诉我，她喜欢庄楚涵。

这个每天背着书包去图书馆读黑格尔、海德格尔的姑娘，经常和我严肃探讨“人的本质是什么”的姑娘，我曾以为“爱情”只是她脑袋里一闪而过的学术名词，是一个令她混沌和不屑的概念。她曾鄙视每个坐在小花坛边和男朋友搂抱在一起浪费时间的女同学，觉得人生只要有书看、有肉吃，就什么都好。

作为哲院辩论队队长，周小芳率队和法学院打了场比赛。话说在 F 大辩论场上周小芳从来没输过，吞下去的是矿泉水，吐出来是冰碴子。昨天她不但输了，而且语无伦次词不达意。原因只有一个，上场前法学院男神庄楚涵温柔地提醒她一句："小芳，你的鞋带开了。"

庄楚涵是什么人呢？据跑步协会的同学说，他几乎每天晚上带一个姑娘去小操场散步，从诗词歌赋聊到人生哲学，姑娘清一色长发细腰长裙飘飘，本校资源枯竭了还有外校。

学生时代总有这一类女生，比如周小芳，并不丑，只是胖，而且无心拾掇自己，根本不屑把"形象"放在自己专注的范畴中，所以男生们择偶的时候会自动把她们忽略掉。

其实谁都不知道，她们心里也默默期待一场爱情。

大概喝高了。周小芳把酒瓶子一摔，张开双臂叫道："我想让全世界的男生喜欢我！"撸串的其他人都往我们这边看，我吓得赶紧捂住她的嘴，把她往宿舍里拖。

姐姐，差不多得了。

可能周小芳的虔诚感动了上天。据说那天晚上，一个长着翅膀头发卷曲状如丘比特的小孩儿给她托梦，告诉她每年生日这天，不管她和哪个直男对视，他都会把她看成他心中女神的样子，然后喜欢上她。

周小芳也没把这梦当回事，她迷迷糊糊睡醒了，穿上拖鞋到校门口买煎饼果子吃。

“加火腿和鸭蛋黄，多撒花生米，不要辣。”

“好嘞！”老板瞅了她一眼，打一个惊颤。周小芳只顾低头打哈欠，再抬头，发现老板加了两根火腿、两个蛋黄，撒了一大碗花生米，煎饼皮快撑破了。

“这……多少钱？”周小芳慌了。

“不要钱，姑娘，不要钱！记得常来啊。”老板嘿嘿傻笑，递煎饼的时候趁机握住她的手，搓来搓去。

周小芳明白了什么。

这天早上，她吃到了免费至尊豪华版煎饼果子、烤冷面、烤土豆、爆米花、刨冰……尽管在黑暗料理小哥们眼里，她可能变身为苍老师、泷泽萝拉……

跟周小芳去上西方哲学史，她把刚才的奇遇告诉我。

“有本事你去勾引下我们院长？”发生这种事情，反正我是不信的。

周小芳故意拉着我坐在第一排，一节课托着下巴盯着讲课的院长看，期待院长老头跟她四目交汇。果然，院长在讲台上像突然触电一样，提前半小时下课把我们驱散，单独把周小芳留下来聊她申请学术项目的事，还特批两万块经费。

老院长原本干涩的眼睛里冒出两朵水灵灵的桃花。

我真信了。

“所以赶紧趁机找庄楚涵去啊，没多少时间了。”我催她。

“我还是不敢，万一验证出他是弯的，我岂不是从此连念想都没了。”周小芳低着头。

其实她心里早就盘算好了。利用今天独一无二的外貌优势接近他，然后用赤裸裸的灵魂吸引住他，哪怕第二天技能失效她做不成庄楚涵的女神，他也已经被她的灵魂吸引，皮囊已经不重要了。

晚上庄楚涵在打院系杯篮球比赛，别的姑娘纷纷跑去给男生加油送饮料，周小芳扛着一桶 1.2 升的可乐也屁颠儿跑过去了，还拿了一个大喇叭。

“庄楚涵，加油啊！”用大喇叭一喊，果然把他的目光吸引过来，周小芳赶紧坐正，盯着他的眼睛抛媚眼。

对方猛打一个激灵。

那天庄楚涵投了八个三分球，盖帽抢篮板无数，法学院的女生全疯了。周小芳抚摩着心爱的大喇叭，嘴角上扬，气定神闲。

比赛结束，法学院大比分打赢，庄楚涵满头大汗往周小芳这里跑，在全场人的惊呼中，周小芳打开可乐瓶，咕咚咕咚灌给他。

然后两人手牵手直奔小操场散步去了。

苏格拉底遇到庄子会发生什么？

没有宗教的世界会是什么样？

人要么孤独要么庸俗是什么意思？

自由是不是这个世界的普世价值？

“因果报应”到底存不存在？

两人就各种（伪）哲学问题展开深入探讨，不知不觉绕小操场走了三十八圈。周小芳心想，读了那么多书，在图书馆待过那么多日夜，原来最后检阅到的快乐不是写完一篇顶尖论文，不是拿到特等奖学金，而仅仅是庄楚涵笑着的眼睛。

庄楚涵的手臂离她越来越近，空气里满是清香的薄荷味，他的指尖触碰到她的指尖，他的汗水和她的汗水交融，他的温度紧贴她的温度。

周小芳特别想问在他眼里自己究竟是什么样子，庄楚涵的女神究竟是谁。为了爱情她也愿意改变自己，减个肥换个发型什么的。但她并没勇气开口。

在所有路人状如鸡蛋的眼珠注视下，庄楚涵把她送到寝室，两人也像普通情侣那样在门口腻歪很长时间。大概是乐极生悲，这天晚上周小芳蒙着被子号啕大哭，她不知道一觉醒来之后，喜欢的男生再见到她，会目光带笑还是落荒而逃。

现实不是童话，第二天庄楚涵真的没有再理她。中午在食堂他跟我们相遇了，周小芳体积那么大，他却看都不看一眼。她少女心碎了一地，边往嘴里狂塞米饭边流泪。

“庄大神，听说你昨晚跟哲院的周小芳散步去啦？口味挺重。”有人八卦。

“周小芳？那个死胖子吗？怎么可能！”

在周小芳对面发生了这样的对话。我慌乱堵住她的耳朵，但为时已晚。周小芳已经泪崩如大姨妈，眼泪和米粒混在一起，一张脸成了被万千脚印蹂躏的雪地。

这事几乎带给周小芳毁灭性的打击，她想不到庄楚涵也那么“肤浅”，是个只看脸的家伙。我不知该怎么安慰她，毕竟退一万步说，“以貌取人”也没什么错，生物学上还说外貌协会是人类的本能呢。

爱情好不容易出现在她的生命里了，可惜她只品尝了一天美好，却用余下的每一天来心碎，那个托梦的丘比特也太不厚道了。百度上苏格拉底和柏拉图关于爱情的真假名言一大堆，没有一句能告诉周小芳到底该怎么办。

这之后周小芳对美食再也没有了往日的热忱。从前她最大的梦想就是上课时兜里的开心果瞬间转移到嘴巴里，而且是剥好皮的。去年她的生日愿望还不是谈恋爱，是拥有咬下去没有籽的超大型石榴、没有核的杧果、没有躯壳的螃蟹、会跳脱衣舞的小龙虾。

现在她每天仅仅喝米汤度日，为了让她多吃点东西，我拿着塞满苍老师和泷泽萝拉的U盘在校门口换了至尊豪华版煎饼果子，周小芳竟然看都不看一眼。

茶饭不思几个月后，周小芳掉了二十斤肉。

有鸡汤说，上帝给你关上一扇门，就会为你打开一扇窗。暴瘦后的她双眼皮更深了，鼻子更挺了，下巴更尖了，真的成了女神。

我大喜过望，拉着她出去买衣服，劝她化妆，她并不理睬，继续抱着书读她的经济双学位。学校里开始有男生喜欢她，我还替她收到过不少信，她看都不看，唰唰撕掉，声音如同曾经咬煎饼果子的脆响。

她还是那个在辩论场上中气十足的姑娘，经过情侣幽会的小花坛免不了嗤之以鼻，在图书馆待上十几个小时乐此不疲。

转眼到了她二十一岁生日，她还记得去年丘比特的托梦，今年一整天待在屋子里，外卖都是我帮她下楼拿的。周小芳说："我拒绝和任何异性对视，不想对方再把我看成什么苍井空、泷泽萝拉。"

她更没想过去找庄楚涵，尽管她再也不是当年那个"死胖子"。风不吹了，风筝会永远留在树枝上；伤口愈合了，疤痕会永远留在皮肤上；时间过去了，记忆会永远锁在时空里。周小芳说，毕竟他伤害了纯真少女桃红色的心，这永远不能原谅。

毕业之后，周小芳离开上海去北京工作，再见到她是三年后，她飞回来做我婚礼的伴娘。

婚礼前一天我请她喝下午茶，她变化惊人，我都认不出了。她在一家投资公司做公关经理，常年筒裙丝袜高跟鞋，双颊扑粉，嘴唇亮红，睫毛根根卷翘，指甲晶莹剔透。

真可惜，她说自己还是没谈过恋爱。

向她赤裸裸告白的人不少，坐在餐厅吃一顿饭她就能看出对方的心意，但是她躲着，回避，实在纠缠不过，干脆告诉对方她喜欢女人。她一直一个人住，怕黑，每次经过漆黑的楼道都得打开iPhone手电筒，放GALA乐队聒噪的歌，一路屏气回家。这种单身的生活是挺苦，但身边如果多一个人一起生活，她更是想都不敢想。

年轻时受的伤到底能造成多大的心理阴影啊？我没经历过，不知道，但据说这种阴影不是一把撑开的伞，而是欣欣向荣的大树，伴随着你，一直生长，一直膨胀。

神奇的是，五年前丘比特好心托梦赋予她的超能力一直都在。可惜，之后每个生日她都把窗帘紧紧拉起来，待在出租屋里看片睡觉度过一天。出门勾搭一下吴彦祖也行啊，真是浪费。

“你不会……真的喜欢女人了吧？”我问。

她瞪我一眼。

婚前那个晚上周小芳睡在我家，我们俩把身体摆成“大”字躺在床上，嘴里叼着吸管盯着天花板聊天，聊累了起身吸一口床头柜上的可乐。她跟我讲怎么当众把同事送她的玫瑰剪碎，回家路上怎么开车玩漂移躲避追求她的客户，我告诉她这几年的琐事，拿入职后攒下的第一笔钱去了菲律宾哪个岛旅行，男朋友又给我买过几束花。

“还记得吗，二十岁生日那天，我去黑暗料理街免费吃到各种至尊豪华无敌版煎饼果子、烤冷面，还被老板一路追着喊苍老师……”周小芳吸一口气，转头看我。

我扑哧笑了。

第二天婚礼丢捧花，我把它结结实实地塞到周小芳的手上。我像饿狼那样替她盯着全场适龄男青年，恨不得当场替她征婚。

飞回北京后她把捧花放在客厅茶几上，然后继续忙工作，一个人回家，一个人睡觉，房子太空太冷清，每天只好开着嘻嘻笑笑的综艺节目制造一点人气。有天要见一个大客户，她早早起床洗漱化妆，打车去公司。路上司机一个劲儿跟她搭讪，夸她长得像杨幂，眼睛不看路只盯着内后视镜看，差点追尾。

她明明和杨幂一点都不像。

去公司，发现客户提前到了，她惊得把文件掉在了地上。

当然了，就是庄楚涵。如果不是这么巧，那故事怎么写得下去呢?

当她发现庄楚涵眼睛瞪得比她还大，下巴比她扯得还夸张时，她反而淡定了，抱紧文件夹走进去："庄先生，我们就直奔主题吧，看看合约。"

周小芳把内容大概梳理了一遍，谈到任何细节庄楚涵都不质疑，一路"嗯嗯"点头过去。虽然极力控制语调语速，不想让自己看上去有任何反常，胸前左边的位置还是出卖了她。

心跳快得像童年夕阳下坐在小板凳上猛拍的皮球。

谈妥了，周小芳喝一口水，起身准备送客，庄楚涵也拧开矿泉水喝，但没忍住笑，"噗"一声把水喷到周小芳身上。

她看着他，眼眶潮湿，眼神惊慌，水没擦，淌在胸脯上。

庄楚涵尴尬地掏出手帕递给她，如果现实中也有 Photoshop 取色器那种工具的话，从庄楚涵的脸上一定能取出最诡异的红色。

“喂，你到底笑什么？”周小芳也端不住了，双手抱胸盯着他。

“我笑你啊，怎么好几年过去了，还是当初那样胖滚滚那样可爱啊？”

“你说我胖，你瞎吗？”周小芳拿着文件夹想凑过去，突然想到了什么。

今天是她的生日。

曾经有好几年，周小芳疯狂地猜想过二十岁生日那天，庄楚涵的眼睛里到底映着谁的倒影。不过这些都不重要了，那一刻她才知道，曾经那个胖胖的姑娘还在他的世界里发着光。

或许有时候，耐人寻味的故事并不会把结局写在开头，就像值得回味的感情，不会让男女主角在同一时间爱上彼此。

如果你
也曾奋不顾身
爱上一个人

/ 1 /

老付最近做了一件让我们这些朋友非常窝火的事。

我们几个人坐在她家客厅打牌，连输六局之后她把牌一扔，说要宣布一件事情——明天坐长途汽车去宁波找宋。

大家齐声骂她脑子进水。她跟宋之间拉拉扯扯的破事，不知不觉在我们朋友圈的平淡小青春里显得最扎眼。

我抢来她手机，发现两人满屏的暧昧短信。宋明摆着挑逗她，不乏“你来啊，我下面给你吃啊”这种下流段子。一贯清汤挂面白莲花一样的老付，竟然在这种段子下面回复害羞的表情！这次他刚和女朋友分手，突然主动勾搭老付，明显空虚寂寞冷，要趁机吃了她。

/ 2 /

我认识老付十年了。刚上初中时，她乖巧，成绩好，梳着小马尾辫在国旗下代表我们讲话，穿得全身雪白，总之就是那种老师爱死了的规规矩矩的小姑娘，用三个字概括就是沈佳宜。我自习课爱和周围男同学说笑话，写纸条、丢纸条，或者干脆扔尺子橡皮打架，没少被她告状。后来开始学物理化学，她的脑子就不灵光了，高一物理每次考三十八分。风水轮流转，那时候我是班长，自习课老是在她面前转悠，美其名曰监督同学做题，其实就为了气她。

奇怪的是这都没妨碍我们成为闺密，所以我差不多知道她这些年所有故事。

高二她分到文科班，摆脱物理之后又成了乖巧聪明的沈佳宜，前面坐着宋。

宋就是那种不学无术上课拿手机看 NBA 的主儿，老付拿圆珠笔在他背后戳一百个洞也戳不成屌丝逆袭的柯景腾。之所以对他动情，是因为有次历史课听写，老付写错一道题，更年期老师拿着小木棍儿过来，骂骂咧咧要她抄写十遍。从小长在阳光下没被骂过的老付没受过这种委屈，当场泪崩。宋英武地一拍桌子，指着历史老师大骂："罚写有意义吗！自己婚姻不幸就来欺负花季少女！更年期！变态！"

老付当时没忍住，扑哧笑出声。老师气急败坏地把他们俩交给教导主任，俩人在教导处门口站了一天。老付那时候就喜欢上了宋，尤其是那一刻，当他翻着白眼解释说："才不是为了你咧，只是烦你抽抽搭搭哭很久吵到我睡觉罢了。"

那天之后老付表达爱意的方式是每天把作业给宋抄，尽管宋已经堕落到压根不鸟作业这回事。他看出老付的心意，到手的姑娘干吗不要。有天晚上放学，两人并肩下楼，他一把把老付拖到墙角玩壁咚，然后直接吻上去。宋说："好了，你是我的了。"

从楼梯下来的同学都傻眼了，那可是沈佳宜一样单纯的老付啊。

可能霸道总裁天生就是傻白甜的菜。

/ 3 /

从前课外活动我跟老付的固定节目是一人抱着一本《5 年高考 3 年模拟》，现在老付一定要拖着我去操场看宋打篮球。宋脾气暴，爱跟人起冲突，篮球打到最后都会变成打人，乱打一气后双方嘴角带血鼻青脸肿，老付在旁边握着我的手激动地指着远处说："看我家宋好帅呀。"

慢慢地她变得更不像话。跟着宋翘晚自习去网吧刷夜，他玩《英雄联盟》，她玩《火拼泡泡龙》。宋出门打架也带着她，大家恭敬地叫她大嫂。有段时间她嚷着要搞个文身玩玩，想在脚踝文一个"宋"字，直到我吓唬她说小店里针头太脏会得传染病才作罢。

有天老付跑过来鬼鬼祟祟地说，她经历了生死时刻。宋家里是渔政局的，得罪了搞渔船出海的大亨，宋也受牵连，最近被黑帮追杀吊打。刚刚宋骑摩托载她在马路黄线上狂飙，后面有一伙彪形大汉手持大砍刀。

"玮玮，太刺激了真的，我刚差点死了。"说这话时，老付依然处于惊魂甫定之中，好像随时要撒脚丫子亡命天涯。我问她是否真的看到了背后闪着寒光的大砍刀，她说并没有，只是宋这么说。

那句话怎么说，如果她涉世未深，就带她享尽人间繁华。如果她心已沧桑，就带她去坐旋转木马。

老付以前可是连骂人都不会的姑娘，她每过一段时间就要换一句口头禅，用以替换脏话来表达愤怒的时刻。

比如用严谨的普通话说"他奶奶个小熊熊的"，比如实在想说脏话了，后缀一定要加一个"哒"字减轻脏的程度——"去你妹妹哒""妈蛋哒"……后来干脆用"喵喵"和"汪汪"代替所有消音词。

总之，像沈佳宜那样的女生，绝对不允许自己直白地吐出脏字。

跟宋在一起的那段时间，每次说话她都朝我狂吐器官。

/ 4 /

没多久宋玩腻了，大手一挥和老付分手，而且彻底不在学校出现了。老付哀求班主任不要撤宋的位置，每天去宋的位置上把书摞整齐、把笔放好，睹物思人。

好歹老付把高考撑过去了，竟然还超常发挥，去南方一所名校读书。这时宋找了新女朋友，也是我们的高中同学。老付上大学之后，除了上课和实习，精力还放在千里之外的宋身上。每天早晚设专门闹钟，叮一声响，去刷宋和女朋友的朋友圈，看两人秀恩爱的动态。

老付虽然人长得黑点，也清纯漂亮，性格温柔和顺，身边不缺人追。可她就这么默默地在宋身上耗了三年，在看似不动声色的三年里用光全部力气。有些人大大咧咧表达我爱你，没多久就喊得声嘶力竭，累得发不出声，而有些人用一双眼睛凝视成永恒。

直到他分手，三年后主动和她说了一声“hi”。

我们没人喜欢宋，都为老付不值。我们反复给老付洗脑，宋就是那种不读书不看报没追求没涵养的小官二代，将来的归宿就是回小镇开个土奥迪，搂着姑娘天天赶场子打麻将。

老付含情脉脉地说：“那又怎样呢，我愿意为他背弃整个世界。”

我气不打一处来，什么整个世界，你当自己演琼瑶剧呢。

/5/

我和老马等一众朋友轮流守护老付的手机，并用她的口吻和宋聊天，跟他说“去你妈的”。老付急得团团转，知道我们为她好又不好意思跟我们翻脸，只好一个人躲墙角哭，边哭边说：“我喜欢他真的有错吗？”

和宋分手之后，老付终于回归本色，长发飘飘白裙翩翩。每次回味和宋在一起那短暂的几个月，她都觉得那是人生中刺激的错位，像开了挂一样。

像杨过大侠送给十六岁的小郭襄一场盛大的烟花，叫她怎能忘记他呢？

老付说：“把手机给我行吗？”

老马说：“给你我就是傻 ×。”

老付说：“把手机给我！”老马笑了一下，不为所动。两人僵持着，老付突然跑去厨房拿了两个玻璃杯，左手右手一个慢动作，齐齐丢在地上，啪。

这下我们都害怕了，连骂脏话都不敢的老付从来不会摔东西。

“从小到大我已经够㞞了，不敢抽烟喝酒不敢骂人发牢骚不敢不写作业上课传纸条不敢闯红灯朝更年期老师翻白眼。做了这么多年胆小鬼，我就不能爽快地爱一次吗？”

老马说：“好吧，注意安全。”

其实中间老马也喜欢过老付一次，用突破我认知底线的方式追求过她。他做了一张 Excel 表格，左边是他自己的优点，右边是宋的缺点，直接送到老付的手上：“看，我全方位完爆了他。”唉，性格决定命运，难怪老马现在做了程序员。

/ 6 /

这是老付第一次一个人出门，我们都对她不放心，一起送她到车站，轮流嘱咐她要看好钱包，最好把钱放在袜子里或内裤里，一定不要喝陌生人给的水，不吃怪叔叔的糖，不坐不打表的黑车。在车站遇到借钱的多半是骗子，别理他们。把我们的电话都背下来，万一手机丢了随时联系。老付快气哭了：“我承认自己单纯，但我又不蠢。”

要上车了，老马不放心，又把老付叫回来，把粘在掌心的汗津津的杜蕾斯塞给她，说注意安全。

到宾馆后老付打电话给宋，宋说现在军校临时拉练演习出不来，叫几个兄弟陪她玩。老付握着发烫的手机，喉咙紧得半天说不出一句话。

到达宁波之前她反复听李宗盛那首歌，“为了这次相聚，我连见面时的呼吸都曾反复练习”，她在脑中排演过无数种场面，唯独没有想过，她根本见不到他。

她只好一个人出门乱逛，走在宾馆楼下刚准备伸出软绵绵的胳膊打车，突然发现刚才匆匆走过的男生特别像宋。他穿一件花衬衫，搂着一个姑娘，两人分享一副耳机，有说有笑。

她没多想，就在街边疯狂喊他的名字，喊得血雨腥风。男生回头看他一眼，又很快溜走。

就是他。

太阳惨烈地照在头顶，她像一枚坚硬的图钉站在马路上，绝望得赤裸裸。

7

她一言不发地从车站回家，在路上钱包真被偷了，我们费了好大周折才接到她。

大家准备像伺候特级伤员一样照顾她，寻思这么脆弱的老付，这次怎么说也得看动画片消愁个把月才能把伤疗好。

而老付回家后从容地删掉她和宋所有的聊天记录，从容地把宋三年前送的玩具熊丢到窗外，没掉一滴泪，搞得我们白白戒备。

直到暑假戛然而止，我们离开家乡分别回到祖国四方继续念书，前一天晚上，老马告诉我，其实那是宋安排好的，他跟老马打探好付要出门的时间，然后故意领了一个姑娘在宾馆前转来转去，全是为了演给老付看。

/ 8 /

这些我们都没告诉老付，她也没必要知道。

一段感情自有命数，每个人的做法必有缘由。

只是我会一遍遍想起老付说："我们都是小人物，可能平平庸庸活过一辈子，但爱是我们在人间唯一纵情的证明，一次奋不顾身的爱能让我们浑身发光。"

活在
远方的人

/ 1 /

晚上回家掏钥匙，发现杨蹲在我家门口，把写有“思想者”的环保布包举在头顶，正两眼翻白地看着我，他说这样有助于思考。

今天是周末，他清晨出门，去书店听了两场讲座，偷偷吃了几口给嘉宾准备的小点心，又在街上游荡了一会儿，观察了一些普通的行人，思考了一些问题，发现自己还是很饿，想到正好走到我家附近，可以来吃个晚饭。

“你至少可以先在楼下买点面包填肚子啊。”我开门把他请进家里。

“我的布包空了，手机钱包还有钥匙不知什么时候不见了。但这些本来就不是我灵肉的化身，迟早会离开我。”他说。

在饭桌上我很想和他聊聊天，最近生活、未来打算什么的，毕竟从他突变之后我们就不太有走心交流的机会，可是他忙着塞饭，并用表情告诉我不要打扰他。饭后他在屋里转了一圈，然后盘腿坐在了靠近一盏落地灯的沙发上，告诉我他准备今晚在这儿睡下，因为这种环境和光线很适合思考。

我不忍心拒绝他，也不好意思跟他共处一室，只好把我们共同的朋友老钱和老于叫过来玩，也许可以凑桌麻将。

人到了之后杨很兴奋，我们席地而坐聊天，瞬间回到大学初期打辩论的时代，聊人工智能、死亡与虚无、文学、政治、基因，各种虚头巴脑的东西。只有杨的出现才能把我们从烦琐的实习工作中抽离，带我们回到过去。

突然谈到爱情，杨给我们讲了一个柏拉图《会饮篇》里的故事，说这就是爱的起源。

很久很久以前，我们是双体人，有两个脑袋、四只胳膊、四条腿，但因为人类傲慢自大，宙斯把人劈成两半，我们终其一生都在苦苦寻找另一半。茫茫人海，这是非常困难的事，大部分人寻而不得。

“所以我的肉体与灵魂现在都是残缺的。我想要完整，我要姑娘，姑娘！”杨突然起身，在屋里焦虑地踱步，撕扯头发，慢慢走向墙角，想撞上去。我们惊呆了，情急之下老钱大喊“我们给你找女朋友”，才避免一场悲剧发生。

杨又乖乖坐下，满心期待地看着我们仨。

/ 2 /

我们四人是辩论队队友，两年里一起抱团开脑洞磨嘴皮子，到大三打赢功德圆满一起退队。老于进媒体实习，老钱去了广告公司，我全力写书做自媒体，都开始正儿八经地工作。杨本可以当个程序员，在 0 和 1 的逻辑世界里驰骋，应届月薪 10K，提前走上人生小巅峰。但有天他在街上行走，突然电闪雷鸣暴雨倾盆，他没打伞继续前行，在雨中悟出了一些道理。

他告诉我们，他从此要做个飘在风中的思想者。如果把生命浪费在怎么跑通一串代码上，那太辜负了。

他每天泡在图书馆读人文经典，赶场子去各个大学和书店听讲座，给各个学者发私信和邮件讨论各种学术问题，以及游走和冥想。

再见到他，他的黑直发变成了鬈发，越来越卷曲，越来越长。他说这是思考的结果，物质是对精神世界的反应，以后随着思想的繁盛，说不定皮肤会变红，眼珠会变蓝。

老钱悄悄问我："他这不是被雷劈了吧？"

/ 3 /

杨说他是风的孩子，他的朋友圈除了讲座、诗歌和一些读书笔记，还能见到他站在风中，人摆成十字架姿势的自拍。

他想出一系列方法训练自己的思考能力。比如从清晨开始散步，凭借意识指引四处游走，把两个馒头和一瓶水拴在裤腰上，让思想和脚步一样永不停歇。比如他创作了一首独特的歌，歌词只有八个字，"哦咿嘻啊，唔哩哇啦"，反复重复八分钟，名字叫《当闪亮的眼睛抛在空中》。比如每天拔掉自己二十一根卷曲的头发，把它们吹向四周，这就是人类之子思想的种子在飘摇。他不仅训练自己，还训练动物的精神极限。比如把路边的野狗弄回家逼它抽烟，养一缸鱼，每天掘开鱼的嘴巴灌它喝酒。

活得有趣是一种能力，这能力不是每个人都有。但如果他牵着女朋友的手走在大街上，微风一吹，他突然甩开女朋友，一个人站成十字架的姿势，这就有些尴尬了。

杨反复说，所谓爱情，就是一起参与整个宇宙。我们仨都在发愁该把什么样的姑娘介绍给他。跟杨谈恋爱需要有和整个世界抗衡的勇气吧。

4

有个周末，老钱和杨去听一个历史讲座，偶遇一个历史系博士学姐。学姐清秀大方，长发披肩，眼镜的厚度和包里书的厚度都是常人无法企及的，跟杨应该很般配。老钱当场介绍两人认识，两人交谈甚欢。杨在食堂请学姐吃过两次饭，请学姐在学校草坪上看过一场露天电影。但学姐觉得杨太老实，不够开放，像个没开苞的。而杨皱着眉头向老钱抱怨，学姐胸太小了。

老钱傻眼，没想到杨对外貌还有苛刻的要求。我们都难以想象，一个飘在空中的思想者该以什么姿势把手伸向姑娘的胸部。

后来老于又给杨介绍了一个唱民谣弹吉他写歌写诗的姑娘，烈焰红唇风，胸还是D罩杯的。两人周末在咖啡馆里约会，只点一杯咖啡，俩人轮流喝，泡在那儿一整天。杨给姑娘讲故事，讲萨特和波伏娃，叔本华和黑格尔……姑娘觉得杨抠门到极致，而杨皱着眉头向老于抱怨，姑娘读书太少了，写的词和诗就那么颠来倒去的几句话，没知识，没灵气，“虽在摆脱束缚，但并未找到自我”，参与不了他的宇宙。

5

只差我没努力给杨介绍女朋友了，压力实在很大。直到有天他和我说，别麻烦了，他或许找到了今生今世被砍掉的另一半。

杨那时正在筹办一本叫《思想复兴》的杂志，坚持不做微信公众号，也不做电子版，要维持纸质书最后的尊严。所以印好之后，只能和饿了么发传单的小哥一起，把杂志像发小广告一样在学校里四处发放。

他遇到在草坪上盘腿吃冰棍的姑娘，把杂志递给她，姑娘直接撕下一张擦手。杨气得蹦起来说："你怎么能玷污我的思想？"姑娘只好赔礼道歉认真翻杂志看，发现还挺喜欢里面的文章。她一拍大腿，决定给杨当助手，帮助他整理资料和排版。

/ 6 /

再见到杨是一个月后，晚上十一点钟，他郑重其事地给我们仨打电话，约我们在一个小酒馆见面。一个小时之后就是新的一天，他要在零点踏出酒馆，离开这座城市，启程去他的路途。

他是来和我们道别的。

杨说，爱情是一瞬间的电光迸射，不是扭扭捏捏的磨合，不是瞻前顾后的思虑。他说，就好比你早晨到泉边打水，一只鸽子落在肩上，哎呀，恋爱了。再猛烈一点说，是被击中，就好比你捧着一束难看的鲜花在街上走，忽然"平地里冒出个杀人凶手"。

四目交接的时候就知道，她或许就是自己被劈开的另一半，是同自己携手遨游宇宙的那个人。当看着她把冰棍儿滴到裙子上的那一刻，这一切就已经发生了。

其实姑娘是来学校观光旅游的，觉得《思想复兴》这本杂志十分有意思，就留下来和杨一起工作。两人一起读书、一起写作，而两个月过去，姑娘留下一张字条悄悄走了。杨这才知道姑娘是山西土豪的女儿，她爸给她找好了上门女婿，要回家结婚去。

他没和姑娘表白过，但他坚信姑娘是那个能和他一起教狗抽烟、给鱼喂酒，腰上挂俩馒头四处游走的人。

杨背起巨大的背包，准备一路行走，一路搭车去山西。我们劝他可以借助更便捷的交通工具，仨人凑点钱给他买张机票。但他义正词严地拒绝了我们，并高声朗诵了那首著名的诗：“当你启程前往伊萨卡，但愿你的道路漫长，充满奇迹，充满发现。”

他要走很远的路，经历连亘又漫长的时间，他要在路上发现惊喜，保持思索。那个吃冰棍儿的姑娘只是他踏上路途的理由，是引燃他的导火索。他这样的人，注定是要去远方的。

离零点没剩下几分钟，我跟老钱面面相觑，老于则抓紧时间向他嘱咐路上的琐事，告诉他怎么找便宜的旅馆，多带一些湿纸巾和花露水，留一些钱放在贴身口袋里……虽然我们都知道，杨是听不进去这些的。

杨微笑地看着我们，一言不发，像长者慈祥而宽容地看着孩童吵闹一样。我们在他的视野中模糊了，零点的钟声响起。

终于，他扛起背包，轻轻朝我们挥手，像抹掉玻璃上的水渍一样轻松，然后消失在寂静的夜里。

/ 7 /

或许他能如愿以偿打动那个吃冰棍儿的姑娘；或许他能在路上邂逅另一个人，和他一样站在风里，摆成十字架的姿势。他想要的爱情不仅是一蔬一饭、爆米花和小妞电影、酒吧里的暧昧和手机播放器里的口水歌。这些他都看不见，而被他注视的部分，被别人嘲笑为奇葩。

但这个世界，一定有他灵与肉的另一半，和他一起欢喜地唱着美好的“哦咿嘻啊，唔哩哇啦”，哪怕只有他们两个人能听懂。

我有时在想一个问题。可能曾经我们跟杨一样，渴望谈光滑的诗意的宇宙并行的恋爱，过和自己的思想相互搀扶的生活，后来我们变了，想着怎么让俗气的皮囊变得更讨人喜欢，想着怎么赚更多的钱实现财务自由，直到功利得不愿意停下来读一本闲书，更不愿聊那些瞎扯淡的鬼问题。就像王小波说，生活是个缓慢受锤的过程，人一天天老下去，奢望也一天天消失，最后变得像挨了锤的牛一样。

可能根本就不是我们变了，我们向来如此。在十七八岁的时候想爱想吃想变成天上半明半暗的云，这就是十七八岁该做的事。一晃到二十岁，我们该做另外一些事了，丢弃十七八岁整天聊宇宙和星空的自己，去找份光鲜的工作，早日在社会上混出头，维持体面。这就是我们，在每个年纪怯弱而稳妥地做应该做的事，仅此而已。

当然这没什么不好。

只有杨永远地活成了小王子，像他日记里写的——

“童心未泯，天下无敌。”

最悲哀的人，是不懂拒绝的人

有天清晨六点钟，我出差去机场却打不到车，看着漆黑的天空和安静的路面陷入沉思，然后拨通了大成的电话，请他起床来送我。

但是大成懒洋洋地接起电话，清脆无比地说了一声“滚”，然后挂掉电话。

提着行李的我惊呆了。在我的印象里，大成是个不会拒绝的人。即使他正在梦里泡女神，也会立马醒来擦干口水为我当司机。

说完“滚”，他有点于心不忍，又补充说：“算了，你等我，这是最后一次了啊。”

于是在他车上，我听完了他的蜕变故事。

我和他只是普通朋友。他是我一年前打专车时认识的司机。不知道为什么，他把上海站听成了上海南站，一溜烟往徐汇开。我在车上乐呵呵地玩手机，等下车了才发现不对劲。“哎，你怎么回事啊，害得我赶不上车了。”我性子急，本能地朝他抱怨了一下，但万万没想到，他在高架上疯狂地飙着车，一边和我说对不起，一边趴在方向盘上掉泪，把我吓坏了。

把我送到上海站之后，还是没赶上车，他去旁边便利店买了一大包零食让我坐在车上吃，他下车帮我改签。

他眼睛里的歉意像淹没整座城市的洪水一样，我从没见过这样的专车司机。他抓着我的手反复确认：“你原谅我了吗？”搞得我好像做了什么亏心事，直到当着他的面打了一个五星好评。

我觉得这人挺有趣，于是跟他要了微信号。

他当然没有拒绝我。

回家后我问：“司机先生，给你改个什么备注名呢？”

他说：“随便。”

我说：“那就叫你小天使吧。”

他害羞一笑。

我陆陆续续又找这个小天使帮了很多忙，比如顺路去洗衣店拿衣服什么的，他都没有拒绝我。他对我那么好，我一直以为他喜欢我，那段时间写稿不顺心情不好，经常半夜在微信上找他语音聊天，不管多晚他都能陪我胡侃。我迷上《绝命毒师》，他也陪我一起看，跟我聊剧情，深更半夜给我发一个“晚安”。

他长得蛮帅，一双电眼跟吴彦祖有得一拼，开车的时候穿一身袖口带补丁的休闲西装，喷香奈儿蔚蓝男士淡香水。我一直等着他跟我表白，可看着朋友圈里他的女朋友像割韭菜一样换了七八茬儿了，他对我还没任何表示。

突然有天他说：“我在和一群好朋友吃烧烤，你也过来吧。”

我拎着小包屁颠屁颠去了。

那天晚上我才真正了解他。那群人中有两个是他之前的同事，剩下的都是同事各自的朋友。他们挽着袖子撸串谈股票，这个小天使忙着端茶送水，忙着在听完每个人的发言后点评赞许一番，全程没吃几个串的他，最后又抢着埋单。

他开车送我回家，比捡了钱还高兴。

我问：“那群人你都不认识，为什么要出来啊？”

他说：“拒绝别人多不好。”

原来他没有丝毫喜欢我的意思，只是不想拒绝我而已。

他每天出行都像游戏里的小人儿在做任务，整个城市就是一张巨大的任务地图，乱七八糟的朋友们在手机上给他发布任务，他好像也不赚什么经验值，大家一句惯性使然的“谢谢”都能让他高兴老半天。

每天开专车，除了载客赚钱，他要接朋友下班，帮朋友接孩子，去医院领报告单，取快递……这不是暖男，也不是中央空调，简直是全民保姆。

生活上这样也就算了，他在感情上也不懂拒绝。

毕竟他人长得很帅，所以每个月总有那么几天在他的小奥迪车上会发生几次艳遇。有个一百八十斤的妹子见到他萌生花痴之心，送到家门口后请他上楼坐坐。大成又不蠢，不是不知道“上楼坐坐”这句话的含义，但他真的不好意思开口拒绝，怕伤了姑娘的心。

进家门之后妹子就去洗澡了，在各种暗示之下，他岿然不动，最后和妹子在客厅看了一夜电影。

有个妹子刚和男朋友分手，正处在空虚寂寞冷的阶段，遇上大成之后发现他是个暖男就黏上他了。大成陪她逛街买买买，陪她拍照片打电动，整天手牵手腻歪在大街上。直到有天姑娘在街上碰到前男友，直接拉住大成高嗓门朝他喊：“我找到男朋友了。”

前男友停顿了一下，跑过去结实地揍了大成一拳。然后和姑娘搂在一起，两人泪流满面。大成觉得自己多余，只好叹了口气默默走远。

难得有一天晚上，大成主动约我出来喝酒。他说，这么久过去，好像每天都在谈恋爱，但根本不知道自己喜欢什么样的姑娘。

“我和书卷气的姑娘泡在咖啡馆读过一整天诗，和玩摇滚的姑娘在地下室边抽烟边蹦跶，和厌世吃安眠药尝试过割腕的少女看过整夜星星，陪运动型女生去蹦极差点吓得尿裤子……”

“所以你想告诉我什么？你拥有丰富多彩的人生吗？”

“不是。是我根本不知道自己喜欢哪一款。”

小时候家里人告诉大成一定要做个好人，所以他在学校会留下来帮所有人值日，每天给很多人写作业写到手酸，饿着肚子把自己的午饭送给没带饭的同学。所有人都夸他懂事，慢慢地他觉得，只有满足其他人的需求，才配得到爱，这就是传说中的取悦型人格。

终于有一天，他在星巴克看书，旁边坐着一个短发姑娘，眼睛不大，鼻子上有密密麻麻的雀斑，像只慵懒又警觉的猫。

那时候店里没位子，有人想跟她拼桌，她干脆地说了个“不”字，一句多余废话不说。拼桌的人端着咖啡愣愣地走了。

大成觉得这姑娘有魅力极了。没忍住上前找姑娘要电话号码，姑娘把头一甩，干脆利落地说：“不给。”

他发自内心地爱上了这个像脆黄瓜一样利落的姑娘。一番穷追不舍，终于要到了电话。

他哼着歌准备回家，突然手机响了，小学同学打来的，说是全家人来上海旅游，想在大成房子里住几天。其实他们很久没联系了，大成对他的唯一印象，是每次都让大成模仿他的字迹抄作业，抄得慢了就给大成一拳。

大成本能地说：“好。”

没想到小学同学真没客气，拖家带口地过来了，一家五口人风尘仆仆地拎着蛇皮袋子过来，作为答谢，还给大成拎了一盒土鸡蛋，大成哭笑不得。

小学同学换上拖鞋，环顾大成不到五十平方米的小家，说："这好像有点住不下啊。"

"是啊，实在不好意思了。"大成如释重负，心想他们终于可以走了。

"那，麻烦你了，出去找个地方住吧。"对方扔下行李，伸了个懒腰说。

大成愣了一下，转身走了。

一个人跑去江边散心，又有朋友给他打电话："帮我个忙，我男朋友突然肚子疼，接我们去看急诊吧。"

大成脱口而出说："我正准备自杀呢，你听，江水声。"

"先别死啊，帮完忙再去死。"

大成哭笑不得，摁掉电话，听着江上的汽笛，看着昏黄的江水，视野开始模糊。"不会说不"简直是世界上最残忍的事了。他又一次拨通了短发姑娘的电话："我晚上可以约你吃饭吗？""我可以约你看展览吗？""我可以和你逛书店吗？"

听完三个干脆有力的"不"字，人成像注满水的猪肉一样重新坚挺，他决定再也不要为满足别人的意愿而活了，他要回家把老同学请出来，然后再给短发姑娘打电话。

等时间慢慢滑过，总有一天，干脆的 no 会变成坚定的 yes。

当我对父母设置了“分组不可见”

曾被很多人问及，名字“曲玮玮”的含义是什么。

如果你的名字也是 ABB 格式，那你的父母多半希望你度过平寂快乐的一生，不求在风口浪尖披荆斩棘，只求避过惊涛骇浪平淡安稳；不求在跌宕的历史里成为英雄，只求做个衣食无忧如沧海一粟的小人物。其实这是绝大部分父母的信条。一生在苦难中纵情洒脱的苏轼，留下的那句诗是“唯愿孩儿愚且鲁，无灾无难到公卿”。

很多朋友跟我说，上了大学以后，跟父母的关系变得微妙而尴尬，甚至感觉人生最无力的事，就是和父母沟通。

有的父母按照“稳定”原则强硬给子女选择专业，给子女在家乡小城市安排工作。有的父母逼子女相亲，不断催婚。

叔本华说，他人的思想就像别人飨桌上的残羹，就像陌生客人挪下的衣衫。

慢慢地，对年轻人来说，脱离原生家庭的束缚，独立思考，独自生活，似乎成为一种天然正义。

有时我也陷入深深的无奈。我妈好歹曾经是我半个文学启蒙老师，小时候作文是她修改的，高中英语作业也是由她代写的，在我心里，她一直是朋友般的存在。

而最近，我说毕业后会留在上海，她长叹一口气，说："在威海多好呀，空气清新，离家近。"解释再多她也无法理解，在一线城市居住习惯的人，有多难融入小城生活。

有时我告诉她："念完书就创业，将来肯定不去坐班。"她忧心忡忡地回应："还是去考个公务员吧，多稳定。"

好在从小有主见，永远自作主张。我也开过脑洞，要是真按照我妈设定的人生轨迹去生活，我会成为最糟糕最窝囊的人吧，在小镇怀才不遇郁郁寡欢到终生。

我妈才不在意我到底赚多少钱，不在意我坚持写小说能不能拿诺贝尔文学奖。欲戴王冠，必承其重，父母不会理会你王冠的耀眼，只担心你身后的压力。她在意的，是"不要熬夜，伤肝""不要吃太多雪糕，会体寒"。

看我深夜发朋友圈，她忍不住打电话来责备"怎么又熬夜"。买了一个好看的杯子，我妈也说“不要炫耀”。

后来朋友圈索性设置分组，部分状态对他们不可见。心想每隔几天给他们打个电话，也算尽了孝心了吧。

最近表姐偷偷告诉我，我妈隔几天就央求表姐把我的朋友圈截图给她看。

我听了心里五味杂陈。

过几天跟我妈在微信上聊天，她竟然学会了使用暴漫表情，还会发艾克里里翻白眼的动图。

这些也是我妈求表姐发给她的，只为聊天时能取悦我。她还为了我注册微博和知乎，唯一关注的人就是我。

知乎上有个问题：有很酷的父母是怎样一番体验？其实很多父母哪里是生来就酷啊，他们只是为了跟上我们的节奏，为了不沦为朋友圈里的“分组不可见”，才练就一副酷炫之身。

他们的确老了，有时我也怒其不争，纵使把一堆有格调的公众号推荐给我妈，到头来她还是在转“十亿人都看哭了”的鬼东西。

但有时我们也太把父母当成异类了。

有次和我爸打电话说漏了嘴，说“这学期有门课翘课太多挂了”，以为他会当场动用咆哮体，没想到他笑呵呵地说：“我理解啊，我大学也是这么过来的。”他们也有青春，也曾夜夜厮混。

我有个 gay 朋友决定咬牙向父母出柜，以为会大动干戈一场，然而一切没他想的那么糟，最后他爸妈真诚接纳了他的男朋友。

父母也并非我们想象中那么冥顽不化。多给他们一些时间跟上我们的节奏，就像他们宽容陪伴小时候的我们，让我们从无知的小傻瓜，变成了成熟的大人。

想到有天朋友说："有时会犹豫，一些消极的朋友圈是不是该把妈妈屏蔽。但又觉得，能送给她最诚意的礼物，就是让她对我的生活保持全景参与。"

我也悄悄把父母移出了不可见的分组。

或许，耐心在他们身上多消耗一秒，多向他们敞开生活一角，就会多一丝理解。而就算父母毕生无法理解我在世俗世界埋下的情怀与理想，我也愿意多听他们叨念一刻，那也是甜蜜的负担。

哪怕成长真的意味着和父母渐行渐远，我也愿意时时回头，不只留给他们背影。

回不去的地方叫故乡

/ 1 /

写这篇文章，是因为寒假里发生了一件意料之外的事。

刚从上海回到老家，小敏突然把我跟老马约出来，正色说道：“我要跟你们宣布件事，严肃点。”

我在对面笑嘻嘻玩自拍，刚准备换个姿势，手机被她一把夺下，老马在一旁尴尬地清嗓。小敏环顾四周，小心翼翼地说：“我准备留在石岛工作。”

这话抛出来，三人面面相觑。软绵绵的语调就像朗朗晴天的洪水突袭，冲得我站立不稳。老马一脸讶异，伸手去摸小敏的额头：“你发烧了吧？”

气氛僵持，像被一口锅突然扣在头顶，混沌的空气砸在肩膀上。

我们三个人穿开裆裤时就彼此认识，一路走过平淡无奇的少年、惊心动魄的青春期，经历兵荒马乱的高考，大学依然混在一个城市。和老朋友一起走进新城市，就像把故乡的一部分切割，卷进行囊一同打包带走，在异乡又塑造了半个故乡。

那句话讲得好，人物的出场顺序非常重要。那些陪你喝得酩酊大醉的人，最后都无法清醒地把你送回家。我们说好今生要手拉手沉醉而归，竟有人言而无信。

说完这个决定，小敏吐了下舌头，心虚一般扬长而去。似是匆忙，走前膝盖不小心碰到桌角，留下一声凄厉的惨叫。

在我的认知里，我们这些在石岛长大的小镇青年，终究是不属于这里的。小镇不过是禁锢我们梦想的驿站罢了，曾经埋头在灯下为了高考刷题的每一夜，都是远行的伏笔。

老马的眼皮突然耷拉下去，呆滞好久，他突然猛拍桌子：“她马上就要跟家乡银行签协议了，我们只有几天时间阻拦她，不能让她做傻事。”

我们端着小镇特有的玻璃咖啡杯沉思许久，脑洞弯成曲别针，也想不出小敏为何留在这里。

“等着，明天我去劝服她。”老马志在必得。

/ 2 /

与老马告别，我裹紧大衣在街上漫无目的瞎溜达。想不通一度离开夜店离开刺激就活不了的小敏，为何二十岁就决心回老家开始返璞归真。要修度也得找个好时辰。

越想越无奈，用脚狠狠地踩着地面，企图把心里那束烦躁的火踩灭。

鬼使神差走进菜场，刚准备退出去，听到摊位上讨价还价的乡音，竟入了迷。

其实胶东地区的方言听上去颇为尴尬，时不时夹杂着充满乡土气息的“俺”字和“彪”字。一位上海的朋友在威海工作一年多，学会讲胶东话后声带嘶哑，险些失声。上海话鼻韵明显，而胶东话类似于“喊山”，敞亮，用劲，听上去又喜庆，又像吵架。

石岛小镇人都不太会讲普通话。当年我爸送我进复旦，特意宴请过几位老教授。教授们不喝酒，我爸答谢一番，自己喝一通，连声说：“麻烦各位多多照顾。”教授们皱眉说：“你说话我们都听不懂啊。”那顿饭吃得尴尬，我爸只能傻笑。

据说石岛是最大程度保留胶东话古韵的地区，书里讲到“齐东野语”，就是齐鲁地区乡下人的口音。离乡音越远，我反而越喜欢它。在大学难得与老乡待在一块儿，我们大声用乡音开玩笑，俗气粗劣，像大块吃肉大口喝酒，像武侠世界的快意恩仇。

在上海最快乐的事是每个月把老马和小敏约出来，扯着嗓子放肆地讲家乡话，讲最荤的段子，出租车司机和服务员小妹困惑地问："你们说的话怎么一句都听不懂啊？你们是从韩国来的吗？"

我们哈哈大笑说："是朝鲜。"

有次在学校，碰到一位男同学边骑自行车边用石岛方言打电话，像火药厚实的鞭炮突然把我炸醒。下意识般，我疯狂跑在他自行车后面，用尽浑身力气妄图追上他。追了几百米未果，只好狼狈放弃。其实我并非那么渴望结识这位老乡，只想追逐这缕生动的乡音，追逐跟家乡有关的最有温度的标识。就像无法跟眼波流转的情人朝夕相处，能守住她一缕青丝也是好的。

如今站在菜场，耳边满是烟火人间的你来我往，我像条失水的鱼突然被放回林间清泉，贪婪地大口呼吸。

/ 3 /

已是黄昏，两手空空从菜场走出来，虽饥肠辘辘，却如同吃了大补仙丹。望着小镇的点点灯火，心里不禁恶狠狠地给了自己一拳，我竟然也有了乡愁。

去年作家十年砍柴送我一本他的书叫《找不回的故乡》，看着素淡的封面，我托着头想，人只有活久了，才免不了要寻根吧。而我才二十岁，从前始终觉得“思乡”这个字眼太矫情，是穿着皱巴巴的白衬衫的 20 世纪 80 年代诗人才会裸露的情怀。

而我们呢，我们思念的哪里是故乡，无非是被窝里的安全感，面条里妈妈给卧着的溏心蛋。就算在气氛暧昧的深夜，跟老友对酒当歌，月光流淌在肩头，粗钝的心化成温柔的水，煽情气氛烘托到家，你感慨的也只会是脸蛋能掐出水的姑娘，而绝非“故乡”。

被迫迁徙和主动疏离的心情总是不一样的。“游子”是个太缺乏现代性的概念，来自“浮云游子意，落日故人情”的古代，来自安土重迁的往昔。现在谁还会大言不惭地称自己为游子呢？远离故乡小镇成为年轻人的“政治正确”，人人皆是游子。

在远方读书工作的年轻人假日归来，也把一线城市的灯红酒绿一并带来，长辈们簇拥着，问：“工作压力大不大？”“城市消费高不高？”小镇只是承载大家少时记忆的容器。“失根的兰花”甚至成为褒义词，意味着生命力顽强，意味着独立。

但再遮遮掩掩，不得不承认，“故乡情结”是存在的。跟陌生人见面，一个绕不开的问题是：“你是哪里人？”为了降低成本，大家试着先用家乡来试探、认知一个人。来回交手数次，不得不再次和故乡建立起联系。

我理所当然地认为，我的某些秉性有迹可循，来自那个与我血脉相连的故乡大环境。我常挑逗一些南方异性朋友，说他们“做起事来软绵绵的”，他们颔首一笑：“一方水土养一方人嘛，毕竟我在江南长大。”而我会把性格里的憨厚归于胶东人本身，把满身侠义归于海边人的凛冽。

突然明白史铁生《消逝的钟声》里的那句话：“人的故乡并不止于一块特定的土地，而是一种辽阔无比的心情。”“故乡”突然从一个羞怯内敛的小姑娘，变成气壮山河的瀑布，变成辽阔的旷野，延绵的群山，和胸中吞吐不完的故事，大气如虹，和我的人生牢牢锁在一起。

/ 4 /

再往前走，路过街角卖烤肠的摊位，烤肠大叔伸手拍我肩膀，险些将我拍倒。站稳之后，大叔笑眯眯地说：“老鼻子日子没来了，你快大学毕业了吧？”从前每天放学回家路过这儿，都要先买根烤肠充饥。三年没出现，他还记得我。

又路过腾龙游戏厅、流口海水浴场、“麦肯姆”西餐厅，每个熟悉的地点都和我的青春牢牢捆绑在一起。它们并非东方明珠、人民广场、五道口这样耳熟能详的地标，被文学影视作品反复提及，成为强大的 IP，霸占每个人的记忆。小镇景观从未被肆意消费过，未曾符号化，这些记忆只属于我自己。刘亮程说：“故乡是一个人的羞涩处，也是一个人最大的隐秘。”我的小镇太质朴羞涩了，就像没有任何人能用胶东方言流畅地表达“我爱你”，小镇毫不响应我的抒情，它不需要任何人怀念它，给它写诗作画。它只需要继续存在，灰蒙蒙，点缀几盏粗糙的霓虹灯，安心陪伴操劳的人们。

我曾攒够钱去小镇唯一一家西餐厅约会，发现开胃面包竟是两块大饼。吃到一半我丢下男孩独自离开，走在鱼腥味扑鼻的街道上，怒气全鼓在腮帮里。在这样闭塞滑稽的小镇里，尴尬无处不在。

任何东西都是劣质而山寨的。我想学油画，镇上最棒的美术老师也只能教我画水彩；学校领导准备搞交谊舞比赛，最后却只能改跳广播体操；谈恋爱也是蹩脚的，根本没有男孩会弹吉他，用乡音脱口而出的情话是“我看上你了”，连说“喜欢”二字都别扭万分。

终于挨到高考结束，我如愿飞到南方，以为小镇离我越来越远，最后只能成为人生镜面边缘一个小小的点。但过去不容假设，我无法判别倘若生活在别处，乐趣是否有增无减。但童年寂寥漫长的夏天，村庄里发烫的土地和不眠不休的蝉，青春期的百无聊赖，那些游荡在小镇的时间，尴尬的情话和充满鱼腥味的菜市场，让我的人生多了一种弹性。

想到高考刚结束时，一个上海的朋友来小镇找我玩。我把他安排在一家叫“汝家”的山寨酒店，去海边逛逛，去我的母校走一圈，然后无处可去，只好找一家闷热的小网吧打游戏。他说：“你生活的环境就这么大吗？”我耸耸肩，说：“是啊。”

他用鼻子哼一声，拎起背包，说：“受不了，我要走了。”

我舔舔干裂的嘴唇，不知如何应答。

有过怨气，有过不甘，最后却完成了原宥与和解。

/ 5 /

曾经闲来看《舌尖上的中国》，他乡的吃食转瞬即忘，深印脑海的只有那句话——“中国人善于用食物来缩短他乡与故乡的距离。”

最喜欢看汪曾祺那本《故乡的食物》，汪老讲河豚，讲豆汁儿，讲菌类，讲手抓羊肉，讲十几种做法的豆腐。异乡人最敏感的总是味蕾，一切都可以苟且，家乡的味道不能。

一天在学校附近的国权路进到一家叫“威海渔村”的店，点了海肠、玉米饼子，各种家乡常见的蛤蜊，突然感慨万千。食材远不及家乡新鲜，蛤蜊咬一口，满是从家乡一路运送过来的疲惫的味道。突然想到曾经跟姥姥赶集，五毛钱一斤的蛤蜊买上一大盆，鲜掉眉毛。

小时候住在姥姥家，姥姥每个月蒸一锅胶东大馒头，面团蓬松，嵌上几枚红枣，浓厚但无侵略性的香气直接顺着鼻尖蹿进温暖的胃里。蒸汽弥漫在整个屋子里。我在厨房里放肆疯跑，想象自己是腾云驾雾的神仙。

有年春节，有个老朋友身在外地没能回家，我在微信上跟他闲聊。我漫不经心提了一句，说自己在吃胶东大馒头，他说："你把手机拿近点儿，让我闻闻。"

/ 6 /

突然发现，自己从小在村庄长大，确是一种福祉。哪怕记忆的真实性已不可考究，童年的远山与小河已经样貌模糊，但仍不妨碍故乡成为我心中一个远古的梦。

坦白讲，我把凋敝冷清毫无诗意的偏僻之所美化了，成为我记忆中回味无穷的心之所向。这又如何呢，故乡不再是一方土壤，不是地图上被圈起的地域，而是一个被幻化的符号。

我其实对那里一无所知。除了亲人，我与那里日复一日居住的人们早已毫无瓜葛，我也无心去了解小镇的旧时风物，无心摊开蒙尘的旧书卷打捞失落的民间技艺。但故乡是个朴实又善良的大辫子姑娘，温柔地把我揽入怀中，让我在她的怀里宽恕了自己。

最单纯的那段时光给了故乡。臃肿的世俗规则还没有层层建立，世界还是单线条的样子。有时和朋友深夜谈心，凄迷的晚风吹进胸膛，吹走了一部分真心话。忙不迭感慨，我们慢慢变成了自己最讨厌的那种人。说是思乡，想念的无非是乡间一壶酒，是盲目的天真，单纯的少年。

/ 7 /

一路走着，转回了家，天色已晚。

小敏什么都没说，而我突然没了满腹怨气，有点理解她为什么要选择回家。

第二天一大早，老马把我和小敏约出来。

他一本正经地端着茶缸，像辅导员谈话一般，对小敏循循善诱。

“你要先在银行做好几年柜台，每天像机器人一样坐在那儿敲章，回家没什么娱乐活动，在看电视和上网中消耗宝贵的晚上。在石岛你也找不到真正的朋友，格格不入，只有互相攀比的大爷大妈、催婚逼婚的长辈、按部就班结婚生子的同龄人，连摄影都找不到好模特，你就乖乖在家绣十字绣吧。最后你听从父母之命找了个老实巴交的公务员，见识短浅不懂浪漫不说，一个月工资还不够给孩子买奶粉，我们再过半年回来，发现你做了微商。好了，我们的友谊也走到尽头了。我都不用掐指一算，这就是你未来的生活。你真的想好了？”

老马说完，深呼一口气，翘起兰花指喝一口水，淡定地看着她。小敏不说话，坐在那儿一副“你就是搞不定我”的样子，脸上的雀斑在跳舞。

气氛又在僵持。

老马一言不发地看了小敏一分钟，然后，这个二十多岁的大男人，像一只收束的伞，缓缓蹲在地上。他双手掩着面目，指缝间突然溢出泪水。

我被他这么大阵势吓了一跳。

“哪怕你去北京、去广州，至少生活是跟我们在同一平面的。但你待在石岛，就再也回不去了。”老马说。

在他心里，回到小镇就像看破尘世踏回远荒，是跟老友的无声告别。我们的生活、我们的话题，她再也无法参与了。

老马向我使尽眼色，我也没有开口劝说小敏一个字。更吊诡的是，我们忘记问她回家的理由，但那不重要了。

从昨天起，她带我做了一个漫长的梦，在梦里，平时遮遮掩掩的乡愁，似雾似真。

最美好的词，叫“一期一会”

去年12月我去了广东雷州参加艺术支教，教五年级的孩子创意写作和演讲。他们还没放假，我们的课和他们的日常教学穿插在一起。时间很短，只有一周。

大一时我打的第一场辩论赛的题目是“短期支教的利弊之争”，反方认为短期支教者更多是为了满足自我的理想与情怀，讲课潦草，潇洒而去，没有成熟地考虑孩子们想要什么。

出发前没想那么多。我只知道，如果一件事必然是利人利己的，那就去做，别管天平最后究竟朝哪头倾斜得多一点。

那几天阴雨连绵，学校里低头啄食的鸡都冻得没了力气。当地人说，雷州从来没这么冷过。操场上全是小水洼，稍不留神鞋子就陷在泥浆里。这种天气很多孩子竟然上学不穿鞋子，脚上仅套两个塑料袋。

我从小也在农村长大，躺在牛背上晒过太阳，守着深井打过水，在庄稼地里松过土，但没想到这儿的条件比我预期的还要艰苦。当然，我来这儿不是为了体验差异性生活，也不是为了找到优越感后咋舌感慨一番，所以我收敛起惊讶，认认真真备课。

课本想按照好莱坞那套经典模式教孩子们写巧妙完整的短故事，但我发现他们在短时间里很难内化输出，他们一边睁大眼睛好奇地听着，一边眉头紧锁，似乎听不太懂。我索性扔掉准备好的教案，即兴教他们写好最普通的作文。

讲怎么写人，写最熟悉的人。比如妈妈，随口提问："妈妈生气时的脸像什么？"没想到他们脱口而出的答案那么有趣：

"像咕嘟冒泡的火锅！"

"像坑坑洼洼的火星！"

"像爆炸的红辣椒！"

"像包子，像满满的垃圾桶！"

总之我是想不出这样的比喻的，那一刻我真心喜欢上了这群孩子。

但课无论怎么上，必然无法兼顾每个人。一开始看着几个孩子四处打闹不听讲，我有点失落甚至愤然，"我牺牲了这么多，跑来这儿为你上课，你竟然不领情"，类似产品经理思维，认为我想做的就是用户想要的。后来想通了，不能进行思维绑架，毕竟甲之蜜糖，乙之砒霜。不是每个人都想要你带来的“知识”与“情怀”，你讲的内容对一部分孩子而言无用且无趣，比起上课，他们更想去操场上撒野跑一跑。

但站在讲台上时会不由自主地生出责任感，跟中二病无关，跟台下很多双发亮的眼睛有关。当你感觉到他们信任你，目光一刻不离地追随你，你一定愿意为他们倾其所有。小时候觉得很多老师都很傻，赚着那点死工资，干吗总要拖课，铃声一响一拍两散，皆大欢喜。那天下课后，他们班长问我什么是意识流小说，我在台上玩命解释，直到数学老师抱着作业本尴尬地进来我也不想离开。终于理解小时候那些傻乎乎的老师。

渐渐跟他们产生感情，女生们缠着我聊一些小心事，比如最近看的偶像剧，比如一直很烦班上哪个男生。男生们也和我谈人生理想，我发现一大半男生都想当警察。放学后我和他们一起走出校门，他们走远后依然回头朝我挥手，我看到夕阳在他们肩膀上融化，觉得这就是人间美好的景象。

我相信绝大部分人都是理性的，或者说是自私的。有人溺于贪婪，有人乐于奉献，但本质都是在寻求个人利益的最大化。不过对有些人来说，奉献的过程与最终回馈，能让他得到更多。

帮助他们的同时温暖了你自己，为什么不去做呢？只要真诚且方法得当，短期支教终究是利大于弊的。想起知乎上一句高赞回答：

“所有利他行为都应该被鼓励，即使布施者最后也得利。”

最后一天我们要乘大巴离开学校，我以为这群天真的孩子会忧伤、会懊恼、会哭，没想到他们每人送我一只千纸鹤，然后笑着和我说“谢谢”和“再见”。

我帮他们拍了很多照片，洗好后寄回学校。我想这就是最美的一期一会。

这就是支教的意义。纵使抛开理想，抛开功利，抛开一切，我们还有美妙的相逢。

在大学里，做个“自由而无用”的人

/1/

2015年春节，在奶奶家玩手机，突然知乎上有人邀请我回答问题：“在复旦大学读书是怎样一番体验？”

我打开电脑，伴着窗外的炮竹声，写了在知乎上的第一个回答，一气呵成。

我在结尾写：“这就是复旦吧。不是每个人都向着同一个终点狂奔。跑的、跳的，溪边濯足的，叼牙签晒太阳的，五花八门，各得其乐。”

没想到这个答案被广泛认同，点了几百赞。之后我一发不可收，在知乎上写回答，慢慢成了很多人眼中的“知乎大V”。

/ 2 /

进大学前我的女神是刘瑜，特别喜欢她那句“大学的本质是要恢复人类的天真”。进复旦之前，总是带着理想主义，希望好奇心无限膨胀，带着饱满的求知欲去海纳百川。

我曾写过：“文人们在书中讲得不假，大学如人，是有自己独特气质的。来了复旦，就像赴一位旧友之约，盘腿入席，再无客套，直接把酒话桑麻。”

真的庆幸，还好我来的是复旦，还好在邓杰、李冉、郁喆隽，还有好多老师的课堂上，看到高贵的精神依然没有被物欲颠仆，依然闪着光。

/ 3 /

我念的专业是旅游管理。

教会计的老师是哲学博士，第一节课跟我们分享了一个多小时他的进藏经历。

教经济法的老师是炒股专家，常跟我们交流行情。但他偏偏还是个文艺青年，每晚睡前读小说散文，上次在微信上跟我聊沈从文。

教微观 / 宏观经济学的老师语气像个北京大妞。我猜她的兼职是段子手，每节课一定要以“我有一个朋友”开头讲个段子，通常我们不笑，她自己笑。

大一我在学生会和一家校内媒体做事。主持了几场学术沙龙，把之前的学术风搞成了脱口秀即视感，并没人阻拦我自由发挥。在校媒写人物稿，写来写去还是一股江湖散文味儿，依然毫不惭愧地出现在报纸上。大一下学期，索性江湖味儿到底，在学校最大的微信平台开专栏写小说，误打误撞签了出版公司。

这是复旦给我的包容。

/ 4 /

有时候觉得讽刺，我们已经处在一个“笑贫不笑娼”的时代了。拥有话语权的人们粗暴地宣扬“有钱才有尊严”的论调。而复旦给了我底气，来人世间行走一趟，除了手握六便士，还要抬头看看月亮。

去文图看会儿书，去光草上静静晒太阳，看着学弟学妹们背着书包匆匆而过，会突然没了浮躁与慌张。

大二时在吴文正报告厅参加了一次演讲比赛，我讲的题目是“做个手艺人”。大意是说，仰望星空之余要脚踏实地，不能荒废手艺而只想着大胸怀大格局大境界，那是舍本逐末。

台下的老教授用手扶了一下眼镜，质疑我说：“复旦人怎么能甘愿只做手艺人呢？”

后来上台的同学，无一例外讲了“情怀”“理想”这些大词。

现在想想，这样的复旦真是可爱。

/ 5 /

算是幸运，赶上好时代，现在能够把写作这个兴趣变成事业，从而自食其力。也常会惋惜，正当少年，为何没有借着学生身份，在复旦好好疯狂一把。大一急于去南方实习，大二急于做自媒体，执拗地把自己武装成另一副面孔。

大一的学弟学妹急切地问我，该找什么类型的工作，该进什么行业实习，我真想规劝他们，再多做一刻自由而无用的大学生。

/ 6 /

前几天跟一位在小红书工作的学长聊，走出学校后的复旦人依然很好辨认，大部分都是有风骨的。我没有强烈的集体意识，害怕被贴标签，但在所有场合的自我介绍里，我总会说自己是复旦的。倒不是消费什么，我只是爱它。

我爱它让我更自由，它是包容的海，不强求我成为和它一同澎湃的浪潮，它鼓励我拥有自己的风向。

在台北找回失落的文学

/ 1 /

走出机场，吸一口空气，清新得彻底。匆匆忙忙多吸几口，走进大巴，拿着话筒的导览者不是那种一板一眼背台词的职业导游，而是《联合文学》的编辑。

接过大家一摞厚厚的作品集，书卷里还散发着油墨味儿，在颠簸中翻开几页，就像钻进了远古的回音。翻看了行程单，几天里除了上课与交流，还有游览各种文创园与书店，一股文青味儿。像小仓鼠绕开了林林立立的摩天大楼，钻进散落在各处的小屋。

在下着雨的台北，我的内心里反反复复涌动着同一种感觉——在这里找回了失落的文学。

2

第一天台湾作家高翊峰老师给我们上了第一堂课，马上把大家带入文学的讨论中去。

“写作之前我会设定大纲，但最终文本总会跳脱大纲。角色一旦被赋予了名字，就被重塑了生命，他会自由思考、自由行动，从那一刻起，他就不再属于我。”

“我的角色可以失控，但不能完全失控。好比我设定了一个出口给他，我可以容许他绕路，但最终一定要抵达出口。”

“有些时代感鲜明的小说可能会在当时不受垂爱，但很多年后人们重新审视，说不定会是一部伟大的作品，比如《了不起的盖茨比》。”

“创作小说时我会选择角色先行。作为阅读者，当我合上一本小说，在我脑中留下深刻印象的，是立体的角色，而不是作者塑造的概念。”

……

上一次认真探讨文学还是很久以前的事，我也想找几个朋友聊聊小说，可哪怕谈到作家，聊的也是毛姆的花边传闻。移动互联网飞速发展，纸媒逐渐没落，文字换了新的载体，摇身一变成了货架上的快消品，而非令人反复赏玩的精致器物。在各种新媒体平台上，我们写东西开门见山，直捣黄龙，一时兴起写的实验文本只能压箱底给自己看。

偶尔也发一些小说，心想不在意阅读量，快活就好，而总有好友说："写太晦涩的文本大家又读不懂，何必呢？"那就为自己而写啊，何必在意呢？但朋友的劝诫也有道理。

我们大陆多数人是靠写作立足的。有人出书已经卖到二十几万册，有人做自媒体，有人是编剧。而台湾大多数同学都是传说中的"文学爱好者"。他们有自己的工作，文学只是生存之余的遣怀，因而也多了几分随性。

他们艳羡我们可以靠理想支撑生活，我们同样艳羡他们，理想可以远离生活，在空中自由地翻滚。

/ 3 /

除了文艺青年，台北到处都是文学，都是诗意。

走在街上，一面长着青苔的石墙上被拓了字，写着："自由如朝露，如早霞，如清风。"

邂逅一家旧书店，老板把旧书打理得如同新书，还有各种签名本。

便利店里的果汁盒上不是明星的代言照，而是骆以军的诗：

我以为你是一尾
可以说全部谎的鱼
可以收藏她全部全部的旅程
如果梦如沙后悔如一闭眼那流金河面
或叹息像漫天星粉

走进小巷里一家不起眼的画廊，竟是黄宾虹的真迹，不设任何保护地挂在墙上。旁边是蔡元培的书法，对面还挂着于右任的真迹。全都赤裸裸，不设防，像贤者的心胸。

继续往前走，马路也都是诗意的，居民区的马路中央写着一个大大的“慢”字，比正常字体拉长了好几倍，就像戏子拖长了音韵，把缓缓的声音铺在了马路上，突然就想到了木心的《从前慢》。

台湾的文创产业太发达，那天虽然天气阴冷，撑着伞打着寒战去华山和松山文创园，一路逛遍咖啡馆、画廊、餐厅、生活美术店，简直不想离开。

台大附近满是独立的地下小书店，挂着统一的条幅：“这世界，无论如何都需要小说。”传说中的诚品书店有一家就开在台北 101 对面。逛诚品，暖光照在头顶，每本书都变得亲切可人。走遍每个陈列柜，突然感慨得想哭，这座小小的岛，不到一个省份的人口，书种类的繁复甚至超过了大陆。

在台北我逛了太多家书店，说来惭愧，在大陆我几乎没有买纸质书的习惯，要么直接用 kindle 之类的阅读器看电子版，要么去书店点一杯咖啡，坐在那儿直接把想读的书读完，内容一股脑儿塞进脑子里，来去自如，挥一挥衣袖，不带走一片云彩。

书是太厚重的存在，房间里不敢放太多的书，每增加一本，就是一份负担。觉得不够优秀的书没资格占据珍贵的空间，太经典的书又不敢用眼睛时时服侍，每多看一眼，心中就怯弱一分，仿佛它在冷眼嘲笑说："你根本读不懂我。"

进到书店，黄文俊和刘彦辰一直在给我推荐书，不停把诗集塞给我，虽然价格比在大陆贵好几倍，但我突然有强烈的买书欲望，一口气买下十本。我对大陆诗歌的感知还停留在北岛、顾城的时期，一口气看到书架上那么多年轻作者的诗集，随手翻一本蔡仁伟的《伪诗集》，简直惊艳。

/ 4 /

跟台湾的文艺青年太容易熟识，逛旧书店时看着一个女生拿起一本诗集，我跑过去说："我也喜欢夏宇。"翻到第一页，看到夏宇那张冷眼睥睨的头像，我忍不住惊呼："啊，原来夏宇是女的！"对方咧开嘴说："啊，好巧，我之前也以为她是男生。"

台湾有几个学员是已经进公司工作了几年的男孩子，也穿牛仔裤、格子衫，背双肩包，就像刚从学校里走出来的少年，跟我身边二十几岁的男生太不一样。我特别喜欢跟台湾男生讲话，他们不是我们从小在偶像剧里看到的那种甜得发齁的嗲，更像脆爽的甘蔗，甜得很走心。

除了聊马尔克斯和纳博科夫，在下着雨的罗斯福街道，他们小心翼翼撑着伞，好奇地问我："大陆的农村是什么样子的？上海的房价有多高？你们出门都不用带钱包，买油条都可以手机付款是真的吗？你们可以靠写作生存吗？"

台湾毕竟人口少，没有像大陆锣鼓喧天全都挤在互联网创业，他们没有公众号，没有层出不穷的融了资可以发出不菲稿费的新媒体平台，稿费很难维持生计，每年文学奖的名额也十分有限。

但他们太勤奋了。我说想多看些小说技法书，黄文俊直接发给我一张表格，总论、公式、技术、杂谈……一应俱全。我在诚品书店乱逛，看到一套诗歌方法论，黄文俊摆手说："啊，你不要买这个，我有更好的。"于是他在微信上，跟我聊了好久的诗歌。

互相评论作品环节，大家整宿不睡，围在房间里探讨文本，话筒传来传去，意犹未尽。

去宜兰，黄文俊坐在我旁边，在车上不顾疲乏，拿出笔对着大家的文集勾勾画画。

“如果是我来写，我会把最后一段放在最前面，然后把这一段删掉。”“这篇文章的语言风格好有趣……”

我也没了困意，认真跟他讨论文章。

大巴车行驶在宜兰，主办方专门请了当地作家为我们做导览。黄文俊笑着说：“这像极了高中时期的毕业旅行。”行程太满，大部分人体力不支，在车上无心看路边风景，只顾埋头补觉。但下车跟着导览老师一路走过大桥小溪，走过稻田码头，走过村落广场，精神焕发，听老师如数家珍讲当地民俗，风情种种。看着眼前风景，我心里满满感动，台湾很多作家的本土意识十分强烈，他们守在熟悉的土地上，靠这片土地产生的灵感源源不断地创作。

而且我也在台北见到了我的读者。一位政大的姑娘趁着课间半小时匆匆赶来，带着两盒精致的点心，还没来得及多说几句话，就甩甩头上的雨水，撑伞赶着回去上课。还有另一个姑娘深夜来酒店找我，只为了告诉我，有篇文章让她在深夜看哭过。那一刻我太感动，因为文学，我早已和这个小岛有了感情关联。

/ 5 /

台北有烟火气。这种烟火气跟癫狂的追名逐利不同，是恬恬淡淡的人间生野事。

我有个去交流回来的朋友评价说，台湾人过得特别琐碎，格局小而稳定，把全身力气都用在经营生活上，文学也是生活的一部分。想到张怡微介绍说，台湾语言很奇妙，语言中就有文学。星星的直译是“天空的眼睛”，苋菜是“很慢的果子”，不同的语言结构甚至造就了不同的思维。

台湾这些青年，有人永远戴鸭舌帽，每次谈及文学，眼睛都在发光，像夏天里热情转动的刨冰机。有人已经进了半导体公司工作，但每晚不看球赛不打牌，而是趴在桌子上写散文小说。有人读台大法律系，也在为女权、女同组织奔忙，文字百炼成钢绕指为柔。有人读到博士，钻研学术之余搜集台湾本土的鬼神素材，想写出一部大图谱。

每个人都在发光，每个人都在告诉我，文学依然有强健的脉搏，任何时代都不能挟持它的美丽。

一人食

读中学的时候，在女生们习惯随时手牵手的环境下，课间独自上厕所都要鼓起莫大勇气。

那些独来独往的姑娘简直是我心目中的勇士，她们双手插着口袋悠然奔赴食堂的时候，要忍受周围好事者的质疑：“欸，你怎么是一个人？”提问者狐疑而怜悯的目光，简直会让你感觉自己是全世界的弃儿。

我很不喜欢这句话——“你怎么是一个人？”

似乎一个人就不具备行动能力了，各种毫无难度的生活琐事要有人陪同才理所应当。

一个人上厕所就不会脱裤子了吗？

很多人把独自吃饭当成颇为悲催的事。似乎那就意味着孤独寂寞冷，意味着亲友疏散，无人垂爱，形影相吊。

我曾问过一些朋友，一个人吃饭体验如何，他们给过我稀奇古怪的答案。

有人说一个人进餐厅，总觉得有很多双不怀好意的眼睛在紧盯自己，局促难安。被并不存在的目光灼烧得燥热不已，顿时汗大如豆，伸向菜单的手臂都变得僵硬。

越是心虚，越以为自己被全世界注视。

有人给手机设置很多个跟来电铃声一样的定时，每隔几分钟装模作样地接一次电话："找我去吃饭？不了，我今天想一个人清静下。"制造受欢迎的假象。

有人故意把餐桌布置成有两个人吃饭的样子，把食物放在对面的盘子里，又假装接电话说："啊，你不来了啊，那我只好一个人吃了。"

还有人更会玩，每次去 ZOO COFFEE 这种地方，都把大熊猫、大猴子等各种动物放在对面。

好在，还有几个朋友说，一个人吃饭是难得的享受。的确，听从身体的召唤，随心走进一家店，行云流水，真心为了食物而吃饭，谈何悲催。

人太容易放大自己的窘迫，事实上，有多少人会注意一个素不相识的人呢？

人是群居动物，本性爱热闹，但很多人在人群中失去了独立意识，忘记了人生还有一个重要的程式，叫"与自己相处"。

想不通为何很多人会把一个人吃饭看作窘迫的事，甚至为了避免落单，生硬地跟他人拼凑在一起。志趣不投，没话找话，空气凝固，只会连食物都替你们尴尬，浪费一段好时光。

为什么大家不肯承认，一个人吃饭远比无话可说的二人同行爽悦得多。很多人害怕被旁人奚落，从不敢孑然一身。

一群人吃饭是社交，一个人吃饭，才能正心诚意地面对食物，和自我相处。

很喜欢在吃饭时看《孤独的美食家》，看着这个五十多岁的老头四处觅食，专心致志用食物取悦自己的样子，觉得岁月悠然可赏。

初见食物端上来，眼目增明，表露出微妙的惊讶。带着期待夹起食物，小心翼翼尝一口，而后放心地大口咀嚼，一边颔首表示赞许。一连串心理活动静静浮现，“美味也！美味也！”

岁月都变得温柔起来。

其实我觉得一个人吃饭时最好的状态，就是边吃边看视频。

一本正经地坐在电脑前看视频，内心会充满愧疚感与堕落感，欢悦都是被水勾兑了的。边做正事或边做家务边看，不可避免会遗漏掉精彩部分，再棒的剧难免索然无味，快乐也会被冲散。

而吃饭的时候看视频，食物与屏幕都被恰到好处地关照到，美馔贴合味蕾的愉悦和搞笑的剧情一起攻陷你，让你进入另一个世界，简直是人生的幸福小巅峰。

所有人都知道我性格爽朗，绝不是内向的人，然而我经常一个人吃饭。不仅如此，我更热衷的活动，是一个人唱 K 和一个人打桌球。

吃饭时专注于食物本身，每一口食物都充分咀嚼，认真与食物沟通。时间也是自由的，是畅快地狼吞虎咽，还是拿出工匠的精神专心剥一只虾，全由自己。还可以陷入一种状态叫放空，进入极度松弛状态，物我两忘。

想借“一个人吃饭”的契机告诉大家，内心不独立的人宁可拴住一个不够默契的伴侣，真正成熟的人，才不理会旁人的鸡毛蒜皮，只会一心一意与自己相处，一时，灯火可亲，美物可喜。

这是一个
流行离开的时代，
但我们都不擅长告别

/ 1 /

这几天学校里面新生来报到。大部分小姑娘扎马尾辫，小男生留寸头，新生总是很容易辨认。他们身边的父母扛着大大小小盛满日用品的蛇皮袋，头发被汗水黏在一起，反复跟孩子絮叨这、絮叨那。新生们心不在焉地回应着，四处张望，脸上写满对离开父母后的跃跃欲试。

两年前，每天西装革履上班的父亲，也穿着大汗衫，在学校里为我扛着蛇皮袋。

从家里开车十个小时送我来上学。我那个时候还不耐烦，觉得自己独立惯了，来大学报到也应该自己优哉游哉地拖个箱子坐飞机来，闲庭信步，拖家带口的太不体面了。

我妈脑洞大开，把能想到的东西都给我搬来，连纸巾都备了好几包。在寝室帮我铺床挂蚊帐，把所有东西安置好，能想到的事情一一嘱咐我。脸上汗都没来得及擦，他们又回到车上，开十小时车赶回家上班。

挥手再见的时候，我妈哭了。

今天在学校撞见一个个相似的家庭，看着他们的表情，终于明白两年前我妈的眼泪意味着什么。

意味着离开。

他们知道，无论怎么尽力，也只能送我到这里了。

剩下的路只能我一个人走。接下来无论我失恋还是挂科，找工作失利还是考研失败，他们只能远远地望着，徒劳安慰，甚至他们都不会知道。

每年的今天，网上类似的新闻铺天盖地——高校用食堂餐桌当床招待新生家长、家长在体育馆打地铺……

他们跟着孩子过来，想尽可能把他们送得远一点，哪怕远那么一毫米。这一毫米，可能就是给孩子多备几包卫生纸，将来可以少跑几趟便利店。

远到他们发现，再也无力为孩子做任何事了，必须放开手说再见。

从此以后，天南海北。

/ 2 /

有一个前男友，一年前已经把我拉黑，却依然躺在我的星标好友名单里。至少，看他隔三岔五换一次头像，我会自欺欺人地觉得，他依然活在我的世界里。

每次分手，无论感情是否还有温存，都会元气大伤好长时间。因为实在不能接受，曾经那么亲密的两个人忽然形同陌路。

终其一生，会有多少人能跟你躺在同一张床上掏心掏肺地聊天，亲密地勾肩搭背，依偎在一起坦诚相对呢？屈指可数吧。

这样的人，说不见就不见了。

即使在四下无人的街道偷偷想起他，即使忍不住在暗淡无声的夜里摊开过往……这些“即使”也不过停留一瞬间。

你会提醒自己，够了，到此为止。仿佛再往前探一步，就令自己不齿。

他可能曾是世界上最了解你的人，你和他分享过所有秘密。你想不通，为什么爱情不见了，那么多默契的日日夜夜，也随之被卷进垃圾桶。为什么那么狭隘呢，明明还可以做世上最合拍的朋友。

看似浩浩荡荡的一生，他可能是唯一一人，能和你在同一心率下看雪看花。

他还没拉黑我时，我反复旁敲侧击，甚至不惜坐动车去找他，劝他别辜负那么多美好的日子，继续联系，做好朋友吧。

但是他说："When the feeling is gone，everything is gone. 你还不明白吗，和你那么默契，了解你，和你分享秘密，是因为那时候我爱你。"

说完他转身走了。

我终于明白什么叫作"离开"。

心里那盏灯被吹灭了，万千灯火都随之熄灭。

/ 3 /

曾去中国最南边支教，相处几天之后，孩子们眼睛里的生怯渐渐变成信任，他们牵着我在田野里打滚，在我的相机镜头前放肆大笑。

然后就到了离别的时间。

小孩子问我会不会再回来上课，我不想欺骗他们，不想辜负这番信任，只好轻轻摇头。

这是残酷又美好的际遇。就像茶道里那个词“一期一会”，一生一次足矣。

很多时候萍水相逢，明知终有一别，但不能辜负了相遇。

米兰·昆德拉说，这是一个流行离开的时代，但我们都不擅长告别。

每年夏天，看着学长学姐们离开学校，觉得轮到自己，也会像他们一样抱头流泪。

那不仅意味着离开一个校园，还意味着离开整个学生时代。离开信马由缰悠闲自得的日子，离开放肆爱恨不顾后路的日子。

离开熟悉的城市，离开老朋友，离开一段感情。

每一次都告诉自己，别再煽情了，从容一点，淡定一点，把每次结束当成开始。但就连《老友记》看到第十季最后一集，也忍不住号啕大哭。这六个可爱的人就要离开我的生活了，就像牵引着美丽风筝的线突然崩断。

其实，“离开”每天都在发生，甚至，我们每天都在和昨天的自己告别。

到最后，才知道每次离开时的伤感，何其柔软，何其珍贵。

后记

写作是与孤独长相厮守

七岁时，我字都没认全，就开始拿着笔用拼音歪歪扭扭地编故事。

到了中学，大家都忙着早恋，忙着一边轧马路一边听五月天，而我闷在家里写小说，然后在百忙之中抽点时间早恋。后来拿了两届新概念作文一等奖，觉得离梦想近了一步。再后来，坚持到了今天。

我想，当你做一件事超过十年，你已经不需要去探寻践行它的理由，反之，如果你哪天放弃它，这才需要理由。上大学后整整一年我都没有认真写小说。那时在《南都周刊》实习，一点点打基础，学着做一个专业的人物记者。从整理录音、检索资料，到寻找选题，从外围到内核挖掘被采访者信息，提问，删减素材写稿子……我上手很快，不久便独立采访撰稿。又给其他杂志做特约记者，经常一杯咖啡、一台电脑在自修教室坐到凌晨。

直到有一天，一位老记者告诉我：“看了你的文字，你做记者太可惜了，应该回去写小说。”

那个瞬间我激动万分，甚至想要握住他的手。这是我几乎每天默默对自己说的话，只是那时我缺少迈出一步的勇气。

现在“坚持写作”这个梦想实现了，我发现自己的诉求不仅是写作那么简单。我不但要为自己表达，还要为别人表达。

我从小在农村长大，每天跟着姥姥，搬着板凳去村头纳凉，听邻居们讲村里各种有趣的故事。

后来我才觉得奇妙，一个胶东小村庄就有绵绵不绝的故事可以讲，那更广袤的土地呢？那些缄默的普通人辛劳一生，到最后，悲欢离合随着他们埋进土里。我想，自己有一天是不是能静下心来，写一写他们的故事。

就像我很喜欢的作家刘震云说：“那些不识字儿的人也有精神上深沉的孤独，他们不会说，我来替他们说。”

最近这一两年，除了在公众号上跟大家分享观点，我还私下写过我的亲人，写过村庄里精神失常的少妇，写过唱戏的老王，写过努力走出村庄的姑娘……未来我会写更多人，包括此时在看这篇文章的每一个你，每一个经历动荡最后破茧重生的普通人。

我知道在娱乐至死的时代，大家更偏爱轻盈的内容，我在这个时代去做笨拙的记录者，显得倒行逆施。但这又有什么关系呢？写作向来是孤独而朴拙的事，靠近人群，却远离喧嚣。

有人问：如何确定一件事是不是你的梦想？

这很简单，你可以给自己做一个假设。假使你喜欢写作，有人每年给你数百万上千万，让你放弃写作，而你依然坚定地摇头，那它想必就是你的梦想。

梦想就是能让你弃绝欲望、远离诱惑、抛下利益的那个闪闪发光的东西，能让你漂泊的灵魂安如磐石。

我特别喜欢一段话——

“文学让语言成为路。像儿时黄昏，母亲唤着乳名喊孩子回家吃饭，一个个孩子沿着晚霞笼罩下的乡村土路，赤足回家。那炊烟下锅灶上的饭菜香是真的，那回家的路是真的。”

帕斯捷尔纳克说，书是一块立体的滚烫的热气腾腾的良心。

我想，真正厚重的文学是迂回的，是遮掩的，是要你真正沉下心才能读透的，甚至是值得你用一生去品读的。第一遍可能觉得生涩，没关系，时间还长，在蓦然回首的沧桑里，你会突然参透一本书的大境界。真正的文学是有回甘的茶，而非在夏天吃雪糕，落肚即化。

我拒绝赤裸的说教，但我不排斥输出观点。因为我想写的文字，能真正撩动你的心，抑或给你力量。如果说人生而孤独，我愿意成为陪伴你的一束光。

最欣慰的时刻，是每天在公众号推送完文章，收到来自四面八方的粉丝的反馈，是他们告诉我，每天要设置闹钟等着看我的文章；是在一次次分享会上，那些和我年纪相仿的年轻人告诉我，我的文字给过他们力量。

写作者的幸运之处，是原本想要度化自己，却同时感染了他人。

感谢你们的陪伴，我会带着初心写下去，一路消解孤独，也接纳孤独。

不取悦世界，
不辜负自己。

活在青春里，
活出
最大可能。

图书在版编目（CIP）数据

今天以后，人生无数可能 / 曲玮玮著 . —长沙：湖南文艺出版社，2017.1
ISBN 978-7-5404-7798-1

Ⅰ．①今… Ⅱ．①曲… Ⅲ．①成功心理－通俗读物 Ⅳ．① B848.4-49

中国版本图书馆 CIP 数据核字（2016）第 226335 号

© 中南博集天卷文化传媒有限公司。本书版权受法律保护。未经权利人许可，任何人不得以任何方式使用本书包括正文、插图、封面、版式等任何部分内容，违者将受到法律制裁。

上架建议：励志 | 青春

JINTIAN YIHOU，RENSHENG WUSHU KENENG
今天以后，人生无数可能

作　　者：曲玮玮
出 版 人：曾赛丰
责任编辑：薛　健　刘诗哲
监　　制：赵　萌　刘　霁
特约策划：谢晓梅　李　颖
特约编辑：孙　鹤
营销编辑：杨　帆　雷清清
装帧设计：利　锐
内文插画：無口森
出版发行：湖南文艺出版社
（长沙市雨花区东二环一段 508 号　邮编：410014）
网　　址：www.hnwy.net
印　　刷：三河市鑫金马印装有限公司
经　　销：新华书店
开　　本：880mm × 1270mm　1/32
字　　数：185 千字
印　　张：9.5
版　　次：2017 年 1 月第 1 版
印　　次：2017 年 1 月第 1 次印刷
书　　号：ISBN 978-7-5404-7798-1
定　　价：38.00 元

质量监督电话：010-59096394
团购电话：010-59320018